古典文獻研究輯刊

三二編

潘美月・杜潔祥 主編

第32冊

長安高僧錄（下）

梁曉燕、閆強樂 著

國家圖書館出版品預行編目資料

長安高僧錄（下）／梁曉燕、閆強樂 著 -- 初版 -- 新北市：
花木蘭文化事業有限公司，2021〔民110〕
目 18+140 面；19×26 公分
（古典文獻研究輯刊 三二編；第32冊）
ISBN 978-986-518-413-1（精裝）
1.僧伽 2.佛教傳記 3.中國
011.08   110000610

ISBN-978-986-518-413-1

9 789865 184131

古典文獻研究輯刊
三二編　第三二冊　　　　　　　　ISBN：978-986-518-413-1

長安高僧錄（下）

作　　者　梁曉燕、閆強樂
主　　編　潘美月、杜潔祥
總 編 輯　杜潔祥
副總編輯　楊嘉樂
編　　輯　許郁翎、張雅淋　美術編輯　陳逸婷
出　　版　花木蘭文化事業有限公司
發 行 人　高小娟
聯絡地址　235 新北市中和區中安街七二號十三樓
　　　　　電話：02-2923-1455／傳真：02-2923-1452
網　　址　http://www.huamulan.tw 信箱 service@huamulans.com
印　　刷　普羅文化出版廣告事業
初　　版　2021年3月
全書字數　380293字
定　　價　三二編47冊（精裝）台幣 120,000元　　版權所有·請勿翻印

長安高僧錄（下）

梁曉燕、閆強樂　著

目次

上　冊

序　杜斗城

前　言 …………………………………………………… 1

長安高僧錄 ……………………………………………… 5

晉豫章山康僧淵 ……………………………………… 5

晉泰山崑崙巖竺僧朗 ………………………………… 6

晉廬山釋曇邕 ………………………………………… 6

晉長安釋道恒 ………………………………………… 7

晉長安釋僧肇 ………………………………………… 8

晉襄陽竺法慧 ………………………………………… 11

晉江陵牛牧寺慧玉尼 ………………………………… 12

晉永興永安院善靜 …………………………………… 12

晉鳳翔府法門寺志通 ………………………………… 13

宋杭州真身寶塔寺紹岩 ……………………………… 13

宋京兆釋智猛 ………………………………………… 14

宋京師道場寺僧馥 …………………………………… 15

宋京師道場寺法業 …………………………………… 16

宋京師彭城寺釋慧琳 ………………………………… 16

宋京師祇洹寺釋僧苞 ………………………………… 16

宋淮南中寺釋曇無成 ………………………………… 17

宋壽春石澗寺釋僧導 ………………………………… 18

宋山陰靈嘉寺釋超進 ………………………………… 19

宋山陰靈嘉寺曇機 …………………………………… 20

宋偽魏長安釋曇始 …………………………………… 20

宋偽魏平城釋玄高 …………………………………… 21

宋長安寒山僧亮 ……………………………………… 24

宋長安太后寺釋慧通 ………………………………… 25

宋京師南澗寺釋道冏 ………………………………… 25

宋京師東安寺釋法恭 ………………………………… 26

齊京師太昌寺釋僧宗 ………………………………… 26

齊建福寺智勝尼 ……………………………………… 27

梁京師冶城寺釋智秀 ………………………………… 28

梁荊州釋慧球 …………………………………… 28

梁上定林寺釋慧彌 ……………………………… 29

梁邸山寺釋道貴尼 ……………………………… 29

西魏京師大僧統中興寺釋道臻 ………………… 30

隋終南山至相道場釋青彡淵 …………………… 30

慧重 ……………………………………………… 31

隋懷州柏尖山寺釋曇詢 ………………………… 31

隋京師清禪寺釋曇崇 …………………………… 32

隋西京淨住道場釋法純 ………………………… 34

隋西京大禪定道場釋慧歡 ……………………… 35

隋終南山神田道場釋僧照 ……………………… 35

隋京師大興善寺釋靈藏 ………………………… 36

隋京師雲花寺釋僧猛 …………………………… 37

隋京師大興善寺釋慧重 ………………………… 38

隋京師沙門寺釋法顯 …………………………… 38

隋京師延興寺釋慧誕 …………………………… 39

隋京師弘善寺釋智教 …………………………… 39

隋京師真寂寺釋曇遂 …………………………… 39

隋終南山沙門釋普濟 …………………………… 40

隋京師郊南逸僧釋普安 ………………………… 40

隋京師日嚴道場釋慧常 ………………………… 42

唐京師慈門寺釋普曠 …………………………… 43

唐京師普光寺釋曇藏 …………………………… 44

唐京師大莊嚴寺釋神迥 ………………………… 45

唐同州大興國寺釋道宗 ………………………… 46

唐京師弘福寺釋玄會 …………………………… 46

唐京師慈悲寺釋行等 …………………………… 47

周京師大追遠寺釋僧實 ………………………… 48

周京師大福田寺釋曇相 ………………………… 49

唐蒲州柏梯寺釋曇獻 …………………………… 49

唐京師西明寺釋靜之 …………………………… 50

唐汾州光嚴寺釋志超 …………………………… 50

唐京師普光寺釋玄琬 …………………………… 52

唐京師普光寺釋慧滿······················55

唐京師延興寺釋道胄······················57

周京師大中興寺釋道安····················57

唐京師大總持寺釋智實····················62

唐終南山至相寺釋弘智····················64

唐雍州義善寺釋法順······················65

唐雍州梁山沙門釋又德····················66

唐京師辯才寺釋智則······················66

唐京師律藏寺釋通達······················67

唐京師法海寺釋法通······················68

唐京師弘善寺釋法曠······················69

唐終南豹林谷沙門釋會通··················69

唐終南山悟真寺釋法誠····················70

唐京師會昌寺釋空藏······················71

唐京師羅漢寺釋寶相······················72

唐上都章敬寺悟空························72

唐京兆大慈恩寺窺基······················74

唐京師西明寺道世························76

周京兆崇福寺神楷························76

唐長安青龍寺道氤························77

唐京師崇福寺惟慤························78

唐洛京佛授記寺慧苑······················79

唐成都府淨眾寺神會······················79

釋元觀································80

唐天台山佛窟岩遺則······················80

唐衡山昂頭峰日照························81

唐澧州蘇溪元安 ························81

唐京師恒濟寺懷素························82

唐京師西明寺圓照························83

唐京師章信寺道澄························85

唐江州興果寺神湊························85

唐京兆大興善寺復禮······················86

周洛京福先寺道丕························86

唐陝府辛七師 …………………………… 88

唐鳳翔府寧師 …………………………… 88

周偽蜀淨眾寺僧緘 ……………………… 89

唐京師千福寺楚金 ……………………… 90

唐懷安郡西隱山進平 …………………… 90

慧重 ……………………………………… 91

唐長安道德寺尼無量 …………………… 91

唐長安宣化寺尼堅行 …………………… 91

唐洛陽安國寺尼惠隱 …………………… 91

唐長安龍花寺尼契義 …………………… 92

佛窟惟則禪師 …………………………… 93

大光居誨禪師 …………………………… 93

雲蓋歸本禪師 …………………………… 93

呂巖洞賓真人 …………………………… 94

唐長安趙景公寺道安 …………………… 94

唐雍州醴泉澄心寺優曇 ………………… 95

唐長安崇義寺思言 ……………………… 95

唐長安香積寺淨業 ……………………… 95

唐宣化寺堅行 …………………………… 96

唐汝州開元寺貞和尚（禪宗七祖）……… 96

唐洛陽安國寺惠隱 ……………………… 97

唐長安興唐寺淨善 ……………………… 97

唐洛陽寧剎寺惠空 ……………………… 98

唐長安昭成寺三乘 ……………………… 98

唐涇陽興國寺憲超 ……………………… 99

唐長安龍花寺契義 ……………………… 99

唐咸陽安國寺寂照 …………………… 100

唐岐陽法門寺佛陀薩 ………………… 101

唐長安勤策 …………………………… 102

唐通明 ………………………………… 102

唐繼業 ………………………………… 102

唐長安崇業寺真空 …………………… 103

後唐洛陽中灘浴院智暉 ……………… 103

梁重雲暉禪師 ……………………………… 104

覺宗 ……………………………………… 105

宋代鄮縣白雲山淨居寺得利 …………… 106

宋萬年義井寺崇遠 ……………………… 107

金興平明因院德誠 ……………………… 108

金耀州妙德禪院善浦 …………………… 109

遊長安高僧錄 ……………………………… 111

晉長安竺曇摩羅剎（竺法護）………… 111

晉長安帛遠 ……………………………… 112

晉長安僧伽跋澄 ………………………… 113

晉長安曇摩難提 ………………………… 114

晉廬山僧伽提婆 ………………………… 115

晉長安竺佛念 …………………………… 116

晉江陵辛寺曇摩耶舍 …………………… 116

晉長安鳩摩羅什 ………………………… 117

晉長安弗若多羅 ………………………… 124

晉長安曇摩流支 ………………………… 125

晉壽春石澗寺卑摩羅叉 ………………… 125

晉長安佛陀耶舍 ………………………… 126

晉京師道場寺佛馱跋陀羅 ……………… 127

晉敦煌竺法乘 …………………………… 128

晉長安五級寺釋道安 …………………… 128

晉蒲阪釋法和 …………………………… 131

晉長安覆舟山釋道立 …………………… 132

晉長安大寺釋僧略 ……………………… 132

晉彭城郡釋道融 ………………………… 132

晉長安釋曇影 …………………………… 133

晉長安釋僧睿 …………………………… 134

晉長安涉公 ……………………………… 135

晉長安釋慧嵬 …………………………… 135

宋江陵辛寺釋法顯 ……………………… 136

宋京師枳園寺釋智嚴 …………………… 136

宋六合山釋寶雲 ………………………… 137

宋京師龍光寺竺道生 …………………… 137

寶林 ……………………………………… 138

宋京師烏衣寺釋慧睿 …………………… 138

宋京師東安寺釋慧嚴 …………………… 138

宋京師道場寺釋慧觀 …………………… 138

宋京師彭城寺釋僧弼 …………………… 139

宋江陵辛寺釋曇鑒 ……………………… 139

宋廬山凌雲寺釋慧安 …………………… 139

宋京師中興寺釋道溫 …………………… 139

宋下定林寺釋僧鏡 ……………………… 140

宋長安寒山釋僧周 ……………………… 140

宋吳閒居寺釋僧業 ……………………… 140

宋京師長樂寺釋慧詢 …………………… 141

宋京師道場寺釋法莊 …………………… 141

宋山陰法華山釋僧翼 …………………… 141

齊高昌郡釋智林 ………………………… 142

梁揚都正觀寺扶南沙門僧伽婆羅 ……… 142

魏南臺永寧寺北天竺沙門菩提流支 …… 142

隋西京大興善寺北天竺沙門那連耶舍 … 142

毗尼多流支 ……………………………… 143

隋西京大興善寺北賢豆沙門闍那崛多 … 144

中　冊

隋東都雒濱上林園翻經館南賢豆沙門達摩笈多147

隋東都上林園翻經館沙門釋彥琮 ……… 147

隋京師延興寺釋曇延 …………………… 148

隋京師淨影寺釋慧遠 …………………… 150

隋西京空觀道場釋慧藏 ………………… 152

隋東都內慧日道場釋智脫 ……………… 153

隋東都內慧日道場釋道莊 ……………… 153

隋東都內慧日道場釋法論 ……………… 154

隋京師大興善道場釋僧粲 ……………… 154

隋西京大禪定道場釋靖玄 ……………… 155

隋西京寶剎道場釋淨願……………………… 156

隋西京禪定道場釋智凝……………………… 158

隋西京真寂道場釋法彥……………………… 158

隋西京海覺道場釋法總……………………… 159

隋西京大興善道場釋僧曇…………………… 160

隋西京大禪定道場釋靈璨…………………… 160

隋西京勝光道場釋法瓚……………………… 161

隋西京淨影道場釋寶儒……………………… 162

隋西京光明道場釋慧最……………………… 162

隋西京禪定道場釋僧朗……………………… 163

隋西京淨影道場釋慧暢……………………… 164

隋西京日嚴道場釋智矩……………………… 164

隋西京靜法道場釋慧海……………………… 165

隋西京日嚴道場釋辯義……………………… 166

隋西京日嚴道場釋明舜……………………… 167

隋西京禪定道場釋智梵……………………… 167

隋江都慧日道場釋慧覺……………………… 168

隋終南山龍池道場釋道判…………………… 168

隋終南山悟真寺釋淨業……………………… 169

隋西京大禪定道場釋童真…………………… 170

隋西京大禪定道場釋靈幹…………………… 171

隋滄州蘭若沙門釋道正……………………… 172

隋京師真寂寺釋信行………………………… 172

隋慧日內道場釋慧越………………………… 173

智贊…………………………………………… 173

隋西京禪定道場釋曇遷……………………… 173

隋西京禪定道場釋慧瓚……………………… 176

隋西京大禪定道場釋靜端…………………… 177

隋西京慈門道場釋本濟……………………… 177

隋西京延興寺釋通幽………………………… 178

隋蔣州奉誠寺釋道成………………………… 179

隋西京大興善寺釋洪遵……………………… 179

隋西京大禪定道場釋覺朗…………………… 180

隋東都寶楊道場釋法安·······················180

隋京師凝觀寺釋法慶·························181

隋京師大興善寺釋道密······················181

隋京師經藏寺釋智隱·························182

隋中天竺國沙門闍提斯那···················183

隋京師勝光寺釋明誕·························183

隋京師大興善寺釋明璨······················184

隋京師勝光寺釋寶積·························184

隋京師仁法寺釋道端·························185

隋京師勝光寺釋道粲·························185

隋京師大興善寺釋明芬······················185

隋京師大興善寺釋僧蓋······················186

隋京師日嚴寺釋曇瑎·························186

隋京師隨法寺釋道貴·························187

隋京師玄法寺釋僧順·························187

隋京師大興善寺釋僧世······················188

隋京師靜覺寺釋法周·························188

隋京師大興善寺釋智光······················188

隋京師沙門釋圓超···························189

隋京師光明寺釋慧藏·························189

隋京師大興善寺釋寶憲······················190

隋京師勝光寺釋法朗·························190

隋京師大興善寺釋曇觀······················191

隋京師延興寺釋靈遠·························191

隋京師大興善寺釋僧昕······················191

隋京師空觀寺釋玄鏡·························192

隋京師弘濟寺釋智揆·························193

隋京師勝光寺釋僧范·························193

隋京師淨影寺釋寶安·························194

隋京師仁覺寺釋寶岩·························194

隋京師無漏寺釋明馭·························195

隋京師大興善寺釋道生······················195

隋京師勝光寺釋法性·························195

隋京師沙門釋辯寂……………………… 196

隋京師大興善寺釋靜凝………………… 196

隋京師揚化寺釋法楷…………………… 197

隋京師轉輪寺釋智慧…………………… 198

隋京師真寂寺釋曇良…………………… 198

隋京師靜法寺釋智嶷…………………… 198

隋京師沙門釋道嵩……………………… 199

隋京師淨影寺釋道顏…………………… 199

隋京師淨影寺釋淨辯…………………… 199

隋京師定水寺釋法稱…………………… 200

隋東都慧日道場釋立身………………… 201

隋西京日嚴道場釋善權………………… 201

唐京師勝光寺中天竺沙門波頗………… 202

唐京師清禪寺沙門釋慧賾……………… 203

唐京師紀國寺沙門釋慧淨……………… 205

唐京大慈恩寺釋玄奘…………………… 210

唐京大慈恩寺梵僧那提………………… 255

周長安崇華寺釋慧善…………………… 256

唐京師勝光寺釋道宗…………………… 256

唐京師大莊嚴寺釋保恭………………… 256

唐京師大興善寺釋法侃………………… 257

唐京師延興寺釋吉藏…………………… 258

唐京師淨影寺釋善冑…………………… 260

唐京師勝光寺釋辯相…………………… 261

唐京師大總持寺釋寶襲………………… 261

唐京師大總持寺釋慧遷………………… 262

唐京師大莊嚴寺釋慧因………………… 263

唐終南山玉泉寺釋靜藏………………… 264

唐新羅國皇隆寺釋圓光………………… 264

唐京師普光寺釋道岳…………………… 265

唐京師崇義寺釋慧頵…………………… 267

唐京師靈化寺釋三慧…………………… 268

唐蘇州武丘山釋法恭…………………… 268

唐終南山至相寺釋智正⋯⋯⋯⋯⋯⋯⋯⋯⋯⋯ 268

唐京師弘福寺釋僧辯⋯⋯⋯⋯⋯⋯⋯⋯⋯⋯ 269

唐京師普光寺釋法常⋯⋯⋯⋯⋯⋯⋯⋯⋯⋯ 270

唐蒲州仁壽寺釋志寬⋯⋯⋯⋯⋯⋯⋯⋯⋯⋯ 271

唐京師弘福寺釋靈潤⋯⋯⋯⋯⋯⋯⋯⋯⋯⋯ 271

唐京師慈恩寺釋道洪⋯⋯⋯⋯⋯⋯⋯⋯⋯⋯ 274

唐京師慈恩寺釋義褒⋯⋯⋯⋯⋯⋯⋯⋯⋯⋯ 274

唐京師大莊嚴寺釋僧定⋯⋯⋯⋯⋯⋯⋯⋯⋯ 275

唐同州大興國寺釋道林⋯⋯⋯⋯⋯⋯⋯⋯⋯ 276

唐京師清禪寺釋法應⋯⋯⋯⋯⋯⋯⋯⋯⋯⋯ 276

唐終南山紫蓋沙門釋法藏⋯⋯⋯⋯⋯⋯⋯⋯ 277

唐京師化度寺釋僧邕⋯⋯⋯⋯⋯⋯⋯⋯⋯⋯ 279

唐終南山豐德寺釋智藏⋯⋯⋯⋯⋯⋯⋯⋯⋯ 279

唐雍州津梁寺釋法喜⋯⋯⋯⋯⋯⋯⋯⋯⋯⋯ 280

唐京師大莊嚴寺釋道哲⋯⋯⋯⋯⋯⋯⋯⋯⋯ 281

唐京師弘法寺釋靜琳⋯⋯⋯⋯⋯⋯⋯⋯⋯⋯ 282

唐京師弘福寺釋慧斌⋯⋯⋯⋯⋯⋯⋯⋯⋯⋯ 284

唐蔚州五臺寺釋曇韻⋯⋯⋯⋯⋯⋯⋯⋯⋯⋯ 285

唐密州茂勝寺釋明淨⋯⋯⋯⋯⋯⋯⋯⋯⋯⋯ 285

慧融⋯⋯⋯⋯⋯⋯⋯⋯⋯⋯⋯⋯⋯⋯⋯⋯⋯ 286

唐京師大莊嚴寺釋曇倫⋯⋯⋯⋯⋯⋯⋯⋯⋯ 286

唐蒲州仁壽寺釋普明⋯⋯⋯⋯⋯⋯⋯⋯⋯⋯ 287

唐秦州永寧寺釋無礙⋯⋯⋯⋯⋯⋯⋯⋯⋯⋯ 287

唐潤州牛頭沙門釋法融⋯⋯⋯⋯⋯⋯⋯⋯⋯ 288

唐衛州霖落泉釋惠方⋯⋯⋯⋯⋯⋯⋯⋯⋯⋯ 288

唐江漢沙門釋惠明⋯⋯⋯⋯⋯⋯⋯⋯⋯⋯⋯ 288

唐京師勝光寺釋智保⋯⋯⋯⋯⋯⋯⋯⋯⋯⋯ 288

唐益州龍居寺釋慧詵⋯⋯⋯⋯⋯⋯⋯⋯⋯⋯ 289

唐京師弘福寺釋智首⋯⋯⋯⋯⋯⋯⋯⋯⋯⋯ 289

下　冊

唐京師普光寺釋慧璉⋯⋯⋯⋯⋯⋯⋯⋯⋯⋯ 291

周終南山避世峰釋靜藹⋯⋯⋯⋯⋯⋯⋯⋯⋯ 291

唐益州孝愛寺釋智炫……………………………292

唐終南山智炬寺釋明贍……………………………293

唐京師勝光寺釋慧乘……………………………294

僧普應………………………………296

唐終南山龍田寺釋法琳……………………………296

唐眉州聖種寺釋道會……………………………300

唐新羅國大僧統釋慈藏……………………………301

唐京化度寺釋轉明……………………………301

唐京師救度寺釋洪滿……………………………302

唐京師定水寺釋明濬……………………………302

唐京師普光寺釋明解……………………………302

周雍州逸沙門釋普圓……………………………303

唐京師弘福寺釋玄覽……………………………303

唐雍州新豐福緣寺釋道休……………………………304

唐終南山藍谷悟真寺釋慧超……………………………304

唐驪山津梁寺釋善慧……………………………305

唐京師大莊嚴寺釋慧銓……………………………305

唐雍州禮泉沙門釋遺俗……………………………306

唐京師大莊嚴寺釋智興……………………………306

唐蒲州普救寺釋道積……………………………307

唐京師會昌寺釋德美……………………………307

唐京師清禪寺釋慧胄……………………………309

唐京師弘福寺釋慧雲……………………………310

唐京師玄法寺釋法琰……………………………311

唐京師定水寺釋智凱……………………………311

唐京師法海寺釋寶岩……………………………312

唐京兆大薦福寺義淨……………………………312

唐洛陽廣福寺金剛智……………………………314

唐京兆大興善寺不空……………………………314

唐洛京聖善寺善無畏……………………………318

唐玉華寺玄覺……………………………318

唐益州多寶寺道因……………………………318

唐西京慧日寺無極高……………………………319

唐洛京大遍空寺實叉難陀 …………………… 320

周西京廣福寺日照 …………………………… 320

唐京師奉恩寺智嚴 …………………………… 320

唐京師總持寺智通 …………………………… 321

唐洛京長壽寺菩提流志 ……………………… 321

唐京兆慈恩寺寂默 …………………………… 321

唐蓮華 ………………………………………… 322

唐大聖千福寺飛錫 …………………………… 322

唐京師大安國寺子鄰 ………………………… 322

唐醴泉寺般若 ………………………………… 323

唐京師滿月 …………………………………… 324

唐京兆大慈恩寺普光 ………………………… 324

唐京兆大慈恩寺法寶 ………………………… 324

唐京師西明寺圓測 …………………………… 325

唐京師安國寺元康 …………………………… 325

唐簡州福聚寺靖邁 …………………………… 325

唐京兆大慈恩寺嘉尚 ………………………… 326

唐京兆大慈恩寺彥悰 ………………………… 326

唐京兆大慈恩寺義忠 ………………………… 327

周京兆廣福寺會隱 …………………………… 327

周洛京佛授記寺法藏 ………………………… 328

唐荊州玉泉寺恒景 …………………………… 328

唐中嶽嵩陽寺一行 …………………………… 328

唐京兆西崇福寺智升 ………………………… 330

唐中大雲寺圓暉 ……………………………… 330

唐京兆華嚴寺玄逸 …………………………… 330

唐京師安國寺良賁 …………………………… 331

唐京師興善寺潛真 …………………………… 332

唐代州五臺山清涼寺澄觀 …………………… 333

唐京師西明寺良秀 …………………………… 334

唐京師西明寺慧琳 …………………………… 334

唐京師千福寺懷感 …………………………… 335

唐京師大安國寺端甫 ………………………… 335

唐京師西明寺乘恩 …………………………… 336

唐京兆大安國寺僧徹 ………………………… 336

唐絳州龍興寺木塔院玄約 …………………… 337

唐洛京菏澤寺神會 …………………………… 338

唐越州雲門寺道亮 …………………………… 338

唐京兆慈恩寺義福 …………………………… 338

唐京師興唐寺普寂 …………………………… 339

唐京師大安國寺楞伽院靈著 ………………… 339

唐均州武當山慧忠 …………………………… 339

唐太原甘泉寺志賢 …………………………… 341

唐陝州回鑾寺慧空 …………………………… 341

唐揚州華林寺靈坦 …………………………… 341

唐雍京章敬寺懷暉 …………………………… 342

唐京兆興善寺惟寬 …………………………… 342

釋寶修 ………………………………………… 342

唐京兆華嚴寺智藏 …………………………… 343

唐京師聖壽寺恒政 …………………………… 343

唐天台紫凝山慧恭 …………………………… 344

唐京兆西明寺道宣 …………………………… 344

唐京兆恒濟寺道成 …………………………… 346

唐京師崇聖寺文綱 …………………………… 346

唐光州道岸 …………………………………… 347

唐京師崇聖寺靈崿 …………………………… 348

唐京兆崇福寺滿意 …………………………… 349

唐京兆西明寺崇業 …………………………… 349

唐越州法華山寺玄儼 ………………………… 349

唐開業寺愛同 ………………………………… 349

唐揚州大雲寺鑒真 …………………………… 350

唐京師安國寺如淨 …………………………… 350

唐京兆安國寺乘如 …………………………… 350

唐京師安國寺藏用 …………………………… 351

唐朔方龍興寺辯才 …………………………… 351

唐京兆聖壽寺慧靈 …………………………… 352

唐吳郡嘉禾靈光寺法相 ⋯⋯⋯⋯⋯⋯ 352

唐京師大莊嚴寺威秀 ⋯⋯⋯⋯⋯⋯ 353

唐京兆魏國寺惠立 ⋯⋯⋯⋯⋯⋯⋯ 353

唐金陵鍾山元崇 ⋯⋯⋯⋯⋯⋯⋯⋯ 354

唐京兆大安國寺利涉 ⋯⋯⋯⋯⋯⋯ 354

唐京師章信寺崇惠 ⋯⋯⋯⋯⋯⋯⋯ 355

唐京兆福壽寺玄暢 ⋯⋯⋯⋯⋯⋯⋯ 356

唐泗州普光王寺僧伽 ⋯⋯⋯⋯⋯⋯ 356

唐嵩嶽少林寺慧安 ⋯⋯⋯⋯⋯⋯⋯ 357

唐齊州靈巖寺道鑒 ⋯⋯⋯⋯⋯⋯⋯ 357

唐武陵開元寺慧昭 ⋯⋯⋯⋯⋯⋯⋯ 357

唐京兆法海寺道英 ⋯⋯⋯⋯⋯⋯⋯ 358

唐京兆法秀 ⋯⋯⋯⋯⋯⋯⋯⋯⋯⋯ 359

唐長安西明寺惠安 ⋯⋯⋯⋯⋯⋯⋯ 359

唐西域亡名 ⋯⋯⋯⋯⋯⋯⋯⋯⋯⋯ 360

唐京兆抱玉 ⋯⋯⋯⋯⋯⋯⋯⋯⋯⋯ 361

唐天台山封幹師 ⋯⋯⋯⋯⋯⋯⋯⋯ 361

唐京師大安國寺和和 ⋯⋯⋯⋯⋯⋯ 361

唐五臺山清涼寺道義 ⋯⋯⋯⋯⋯⋯ 362

唐吳郡嘉興法空王寺元慧 ⋯⋯⋯⋯ 362

唐京兆菩提寺束草師 ⋯⋯⋯⋯⋯⋯ 362

唐京兆禪定寺慧悟 ⋯⋯⋯⋯⋯⋯⋯ 363

唐京兆大慈恩寺明慧 ⋯⋯⋯⋯⋯⋯ 363

唐上都青龍寺法朗 ⋯⋯⋯⋯⋯⋯⋯ 363

　啟芳、圓果 ⋯⋯⋯⋯⋯⋯⋯⋯⋯⋯ 364

唐鳳翔府開元寺元皎 ⋯⋯⋯⋯⋯⋯ 364

唐湖州法華寺大光 ⋯⋯⋯⋯⋯⋯⋯ 364

唐梓州慧義寺清虛 ⋯⋯⋯⋯⋯⋯⋯ 365

唐京兆大興善寺守素 ⋯⋯⋯⋯⋯⋯ 365

唐陝府法照 ⋯⋯⋯⋯⋯⋯⋯⋯⋯⋯ 366

唐上都大溫國寺靈幽 ⋯⋯⋯⋯⋯⋯ 366

周京師法成 ⋯⋯⋯⋯⋯⋯⋯⋯⋯⋯ 366

唐上都青龍寺光儀 ⋯⋯⋯⋯⋯⋯⋯ 367

唐京兆荷恩寺文瓚 …………………………… 368

唐京師光宅寺僧竭 …………………………… 368

唐京兆大興善寺含光 ………………………… 369

唐京師奉慈寺惟則 …………………………… 369

唐長安禪定寺明準 …………………………… 369

唐會稽呂后山文質 …………………………… 370

唐京兆神鼎 …………………………………… 370

唐京兆泓師 …………………………………… 370

唐洛陽岡極寺慧日 …………………………… 371

唐京兆鎮國寺純陀 …………………………… 371

唐京兆歡喜 …………………………………… 372

唐京兆千福寺雲邃 …………………………… 372

唐京師保壽寺法真 …………………………… 372

唐上都大安國寺好直傳 ……………………… 373

唐長安濟度寺尼法願 ………………………… 373

唐長安興聖寺尼法澄 ………………………… 374

唐長安安國寺尼持法 ………………………… 375

唐長安濟度寺尼惠源 ………………………… 375

唐長安某庵尼功德山 ………………………… 376

唐長安真化寺尼如願 ………………………… 376

徑山道欽禪師 ………………………………… 377

鳥窠道林禪師 ………………………………… 377

北宗神秀禪師 ………………………………… 378

終南山惟政禪師 ……………………………… 378

南陽慧忠國師 ………………………………… 378

圭峯宗密禪師 ………………………………… 380

草堂和尚 ……………………………………… 384

興平和尚 ……………………………………… 384

黃檗希運禪師 ………………………………… 384

衛國院道禪師 ………………………………… 385

白居易侍郎 …………………………………… 385

薦福弘辯禪師 ………………………………… 386

京兆公畿和尚 ………………………………… 387

京兆尸利禪師 …………………… 387

翠微無學禪師 …………………… 387

鳳翔石柱禪師 …………………… 387

龍湖普聞禪師 …………………… 388

天蓋山幽禪師 …………………… 388

九峻敬慧禪師 …………………… 388

鳳翔招福禪師 …………………… 388

白雲善藏禪師 …………………… 388

青峯傳楚禪師 …………………… 389

永安善靜禪師 …………………… 389

京兆臥龍禪師 …………………… 390

白雲無休禪師 …………………… 390

耀州密行禪師 …………………… 390

紫閣端己禪師 …………………… 390

岩頭全禪師 ……………………… 390

雲蓋歸本禪師 …………………… 391

京兆府米和尚 …………………… 391

終南山豐德和尚 ………………… 391

臨濟義玄禪師 …………………… 391

長興滿禪師 ……………………… 392

華嚴休靜禪師 …………………… 392

京兆蜆子和尚 …………………… 393

京兆三相和尚 …………………… 393

紫陵匡一禪師 …………………… 393

京兆香城和尚 …………………… 394

青峯義誠禪師 …………………… 394

芙蓉道楷禪師 …………………… 394

福應文禪師 ……………………… 396

天寧齊璉禪師 …………………… 396

藍田縣真禪師 …………………… 396

天衣義懷禪師 …………………… 396

唐長安化靈寺智該 ……………… 397

唐安陽慧潤寺慧口 ……………… 398

唐長安化度寺僧海‥‥‥‥‥‥‥‥‥‥　398

唐長安光明寺口慧了‥‥‥‥‥‥‥‥　398

唐咸陽德業寺明遠‥‥‥‥‥‥‥‥‥　399

唐咸陽德業寺法矩‥‥‥‥‥‥‥‥‥　399

唐長安濟度寺法願‥‥‥‥‥‥‥‥‥　400

唐長安濟度寺法燈‥‥‥‥‥‥‥‥‥　400

唐長安濟度寺法樂‥‥‥‥‥‥‥‥‥　401

唐長安大慈恩寺弘道‥‥‥‥‥‥‥‥　401

唐長安實際寺懷惲（隆闡法師）‥‥‥　402

唐長安大龍興寺崇福‥‥‥‥‥‥‥‥　403

唐長安淨域寺法藏‥‥‥‥‥‥‥‥‥　404

唐奉天空寂‥‥‥‥‥‥‥‥‥‥‥‥　405

唐登封會善寺景賢‥‥‥‥‥‥‥‥‥　405

唐長安大薦福寺思恒‥‥‥‥‥‥‥‥　405

唐長安興善寺法澄‥‥‥‥‥‥‥‥‥　406

唐長安口義寺敬節‥‥‥‥‥‥‥‥‥　407

唐咸陽廣化寺無畏‥‥‥‥‥‥‥‥‥　407

唐終南山廣福寺靜業‥‥‥‥‥‥‥‥　408

唐長安空寂寺大福‥‥‥‥‥‥‥‥‥　409

唐盱眙先福寺仁節‥‥‥‥‥‥‥‥‥　410

唐安陽靈泉寺玄林‥‥‥‥‥‥‥‥‥　410

唐長安崇敬寺淨覺‥‥‥‥‥‥‥‥‥　411

唐荊州大雲寺惠真‥‥‥‥‥‥‥‥‥　411

唐長安法雲寺辯惠‥‥‥‥‥‥‥‥‥　412

唐長安荷恩寺常一‥‥‥‥‥‥‥‥‥　413

唐長安淨住寺智悟‥‥‥‥‥‥‥‥‥　414

唐長安真化寺如願‥‥‥‥‥‥‥‥‥　415

唐長安（上都）法界寺正性‥‥‥‥‥　416

唐長安寶應寺圓敬‥‥‥‥‥‥‥‥‥　416

唐長安興唐寺辯空‥‥‥‥‥‥‥‥‥　417

唐萬年法雲寺超寂‥‥‥‥‥‥‥‥‥　417

唐萬年法雲寺證真‥‥‥‥‥‥‥‥‥　418

唐長安靜樂寺惠因‥‥‥‥‥‥‥‥‥　418

唐萬年光宅寺道廣 ···································· 419

唐太白山觀宗 ·· 419

唐萬年法雲寺曇簡 ···································· 420

唐崇福寺靈晏 ·· 420

唐長安唐安寺廣惠 ···································· 421

唐扶風法門寺惠恭 ···································· 422

唐（地名、寺名不詳）覺 ······························ 422

五代洪州雲蓋山龍壽院懷溢 ·························· 422

後唐洛京長壽寺可止 ································· 423

梁京兆西明寺慧則 ··································· 423

元表 ··· 424

後唐鳳翔府道賢 ····································· 424

後唐靈州廣福寺無跡 ································· 425

參考文獻 ·· 427

唐京師普光寺釋慧璉

釋慧璉，姓吳，揚州江都人也……於仁壽年中，從榮被召入於禪定。及具戒後，專精律儀，聽邃律師，講凡二十遍。又聽首律師，數亦相及。謙弱成治，豎論不言，講揚攝論，方敷律相。時以其寄大乘，而弘行範也。大業末，歷郊壘多虞禪定一，眾雅推璉，善能禦敵，乃總集諸處人畜，普在昆池一莊，多設戰樓，用以防擬。璉獨號令，莫敢當鋒。時司竹群賊，鼓行郊野，所至摧殄無抗拒者。兵臨莊次，意在誅蕩。璉登樓一望，但見張旗十里，乃收束弓刀，反縛奴僕，大設肴膳，廣開倉廩，身先入陣，勞問軍主。引至莊中，命令就坐，既見盛設相與開顏，各執璉手，健道人也。飽噉而旋，惟取牛十頭，擬勞軍士，牽至中道，璉復從乞。以銜前顧，皆用還之。所以義寧之初，通莊並潰，惟有禪定，如舊無損，即深明機要，善達開遮，一人而已。加又偏工巧性，無施不可，或莊嚴彩飾，或丹青輪奐，或裁縫服玩，或驅策人物，眾兼四百，通用推賢，至於誦說戒經，清音流靡，由來怠墮者，聞璉說戒，皆來坐聽，竦耳峻坐，畏其聲止。貞觀之初，任雲花寺上座，常弘《攝論》，化開律部。晚又下令徵入普光，綱理僧倫，大小清穆。以八年冬終於此寺，春秋五十餘矣。時又有沙門滿德、善智、真懿、敬道者，同璉所學，慕義朋從。德慧悟天開，談說弘暢。智博解深奧，情欣護法。懿導說有功，化行多阻。道抱素自資，性存經史。多從物故，懿獨存焉揚敷京輦。

（據《續高僧傳》卷二十二《明律》）

周終南山避世峰釋靜藹

釋靜藹，姓鄭氏，滎陽人也……聞有天竺梵僧，碩學高行，世之不測，西達咸陽，藹求道情猛，欣所聞見。私度關塞，載離寒暑，既至渭陰，未及洗足，即申謁敬，昔聞今見，見累於聞，大鼓徒揚，資訪無指。乃潛形倫伍，陶甄舊解，燕沒遜遁，知我者希，掩抑十年。達窮通之數，體因緣之理，附節終南，有終焉之志。煙霞風月，用祛亡反，峰名避世，依而味靜。惟一繩床，廓無庵屋，露火調食，絕諸所營。召彼癘徒，誨示至理，令其致供，日就噉之。雖屬膿潰橫流，對泣而無厭惡。由是息心之眾，往結林中。授以義方，鬱為學市。山本無水，須便飲潤，嘗於昏夕，學人侍立。忽降虎來前，掊地而去，及明觀之，漸見潤濕，乃使洮淈飛泉通注，從是遂省下澗，須便挹酌。今錫谷避世，堡虎掊泉是也。藹立身嚴恪，達解超倫。據林引眾，講前四論，意之所

傳，樂相弘利，其說法之規，尊而乃演。必令學侶袒立，合掌殷勤，鄭重經時方遂，乃敕取繩床，周繞安設，致敬坐訖。藹徐取論文，手自指謫。一偈一句，披釋取悟。顧問聽者，所解云何。令其得意，方進後偈。旁有未喻者，更重述之。每日垂講，此法無怠，常自陳曰：「余厭法慢法，生不值佛世，縱聞遺教，心無信奉，恒懷怏怏，終須練此身心，有時試縱惟欲，誠心造惡，有時攝念。惟願假修相善，如此不名安身，如此不名清心，故約己制他，誠非正檢，然末世根緣，多相似耳。必厭煩屈者須住，不辭具儀者離此，其開蒙敦勵，皆此類也」……

（據《續高僧傳》卷二十三《護法》）

唐益州孝愛寺釋智炫

釋智炫者，益州城都人也。俗姓徐氏，初生室有異光。少小出家，入京聽學數年，遂擅名京洛。學眾推崇，請令覆講，若瀉瓶無遺。會周武帝廢佛法，欲存道教，乃下詔集諸僧道士，試取優長者留，庸淺者廢。於是詔華野高僧、方岳道士、千里外有妖術者，大集京師，於太極殿陳設高座，帝自躬臨，勅道士先登。時有道士張賓，最為首長，登高唱言曰：「原夫大道清虛，淳一無雜，祈恩請福，上通天曹，白日升仙，壽與天地同畢，風教先被中夏，無始無終，含生賴之以得長生，洪恩厚利，不可校量，豈如佛法虛幻，言過其實，不容本土，客寓中華，百姓無知，信其詭說，今日欲定臧否，可出頭來看，襄城公何妥，自行如意。」座首少林寺等行禪師，發憤而起，諸僧止之曰：「今日事大，天帝在此，不可造次。」知禪師為佛法大海，然應對之間，復須機辯，眾共謀議，若非蜀炫，無以對揚，共推如意，以將付炫。炫既為眾所推，又忿張賓浪語，安庠而起，徐升論座，坐定執如意謂張賓曰：「先生向者所陳，大道清虛，淳一無雜。又雲風教先被中夏者，未知風教之起，起自何時，所說之教，於何處說。又言佛法不容本土，客寓中華，可辯道是何時生，佛是何時出。」賓曰：「聖人出世，有何定時，說教興行，有何定處，道教舊來本有，佛法近自西來。」炫曰：「若言無時，亦應無出，若無定處，亦應無說，舊來本有，非復清虛，上請天曹，豈得無雜，壽與天地同畢，豈得無始無終。」賓曰：「道人浪語，為前王無識，留汝等輩，得至於今，今日聖帝盡須殺卻。」帝惡其理屈，令舍人謂之曰：「賓師且下。」賓既退，帝自升高座，言曰：「佛法中有三種不淨。納耶輪陀羅生羅睺羅，此主不淨一也；經律中許僧受食三

種淨肉，此教不淨二也。僧多造罪過，好行婬泆，佛在世時，徒眾不和，遞相攻伐，此眾不淨三也。主法眾俱不淨，朕意將除之，以息虛幻，道法中無此事，朕將留之，以助國化。」顧謂炫法師曰：「能解此三難，真是好人。」炫應聲謂曰：「陛下所陳，並引經論，誠非謬言。但見道法之中，三種不淨，又甚於此。按天尊處紫微宮，恒侍五百童女，此主不淨，甚於耶輸陀羅之一人。道士教中，章醮請福之時，必須鹿脯百柈，清酒十斛，此教不淨，又甚於三種淨肉。道士罪過，代代皆有，千古亂常，姜斌犯法，此又甚於眾僧，僧眾自造罪過，乃言佛法可除，猶如至尊享國，嚴設科條，不妨逆子叛臣，相繼而出，豈以臣逆子叛，遂欲空於大寶之位耶。大寶之位，固不可以臣子叛逆而空，佛法正真，豈得以眾僧犯罪而廢，炫雅調抑，揚言音朗潤，雖處大節，曾無懼顏。」帝愕然良久，謂炫曰：「所言天尊侍五百童女出何經。」炫曰：「出道《三皇經》。」帝曰：「《三皇經》何曾有此語。」炫曰：「陛下自不見，非是經上無文，今欲廢佛存道，猶如以庶代嫡。」帝動色而下，因入內，群臣僧眾皆驚曰：「語觸天帝，何以自保（以周武非嫡故）」炫曰：「主辱臣死，就戮如歸，有何可懼，乍可早亡，遊神淨土，豈與無道之君，同生於世乎。」眾皆壯其言。明旦出勅，二教俱廢，仍相器重，許以婚姻，期以共政……

（據《續高僧傳》卷二十三《護法》）

唐終南山智炬寺釋明瞻

釋明瞻，姓杜氏，恒州石邑人也……開皇三年，敕召翻譯，住大興善。眾睹德望可宗，舉知寺任，辭而不免，便綱管之。大業二年，帝還京室，在於南郊，盛陳軍旅。時有濫僧染朝憲者，事以聞上，帝大怒，召諸僧徒並列御前，岸然抗禮，下敕責曰：「條制久頒，義須致敬。」於時黃老士女，初聞即拜，惟釋一門，儼然莫屈。時以瞻為道望，眾所推宗，乃答曰：「陛下必欲遵崇佛教，僧等義無設敬，若準制返道，則法服不合敬俗。」敕云：「若以法服不合，宋武為何致拜。」瞻曰「宋氏無道之君，不拜交招顯戮，陛下有治存正，不陷無罪，故不敢拜。」帝不屈其言，直遣舍人語僧，何為不拜，如此者五，黃巾之族，連拜不已，惟瞻及僧，長揖如故，兼抗聲對敘，曾無憚懾。帝乃問：「向答敕僧是誰？錄名奏聞。」便令視被戮，諸僧合樂，安然而退。明旦有司募敢死者，至闕陳謝，瞻又先登，雖達申遜之詞，帝夷然不述。但下敕於兩禪定各設盡京僧齋，再遺束帛，特隆常準。後回蹕西郊顧京邑，語朝宰

曰：「我謂國內無僧，今驗一人可矣。」自爾頻參元選，僉議斯屬。下敕令住禪定，用崇上德故也。眾以贍正色執斷，不避強禦，又舉為知事上座，整理僧務，備列當時。

大唐御世，爰置僧官，銓擬明哲，允折無滯。貞觀之初，以贍善識治方，有聞朝府，召入內殿，躬升御床，食訖對詔。廣列自古以來明君昏主制御之術，兼陳釋門大拯以慈救為宗。帝大悅，因即下敕，年三月六普斷屠殺，行陣之所皆置佛寺，登即一時，七處同建。如邠州昭仁、晉州慈雲、呂州普濟、汾州弘濟、洺州昭福、鄭州等慈、洛州昭覺，並官給匠石，京送奴隸，皆因贍之開發也。又私以每年施物，常飯千僧，大乘經論，須者為寫，歲恒不絕，為報母恩及暮齒將臨，山棲是造，遂入太一山智炬寺而隱焉。京輦歸信，遠趣於林，問道奉戒，又繁常昔，乃自惟曰：「攝心歸靜，猶自煩乎。」試縱余齡，更還京邑。少時遇疾，猶堪療治，乃曰：「吾命極矣。可懸一月，枯骸累人。」乃延諸大德就興善寺設齋辭訣。房、杜僕射舉朝畢集，具齋助供，贈錫山積。贍通大舍，懺辭告別，即日力杖出京，返於智炬。竭誠勤注，想觀西方。心通明利，告侍者曰：「阿彌陀佛來也。」須臾又云：「二大菩薩亦至，吾於觀經成就十二，餘者不了。」既具諸善相，顏貌怡然，奄爾而逝，春秋七十，即貞觀二年十月二十七日也。時以預記之驗，知命存乎。初未終前，遺令焚身，及闍維訖，乃見骸骨圓全，都無縫道，當其頂上，紫色曄然，遂瘞於岩下。

（據《續高僧傳》卷二十四《護法》）

唐京師勝光寺釋慧乘

釋慧乘，俗姓劉氏，徐州彭城人也……至八年，帝在東都，於西京奉為二皇雙建兩塔七層木浮圖，又敕乘送舍利瘞於塔所。時四方道俗，百辟諸侯，各出名珍，於興善寺北天門道南，樹列勝場三十餘所，高幢華蓋，接影浮空，寶樹香煙，望同雲霧，迎延靈骨，至於禪定。僉共請乘開《仁王經》，華俗士庶，正道日登，咸嘉賞讚……

會隋室分崩，唐皇御歷。武德四年，掃定東夏，有敕偽亂地，僧是非難識，州別一寺留三十僧，餘者從俗。上以洛陽大集名望者多，奏請二百許僧住同華寺，乘等五人敕住京室。於時乘從偽鄭，詞被牽連，主上素承風問，偏所顧屬，特蒙慰撫，命住勝光，秦國功德，咸歸此寺。武德八年，歲居協洽，駕幸國學，將行釋奠。堂置三坐，擬敘三宗。眾復樂推，乘為導首。時五都才學，三教通

人，星布義筵，雲羅綺席。天子下詔曰：「老教孔教，此土先宗，釋教後興，宜崇客禮，令老先次孔，末後釋宗。」當爾之時，相顧無色，乘雖登坐，情慮莫安。今上時為秦王，躬臨位席，直視乘面，目未曾回，頻降中使，十數教云。但述佛宗光敷帝德，一無所慮，既最末陳唱，諦徹前通，乃命宗云：「上天下地，榮貴所資，緣業有由，必宗佛聖。」今將敘大致，理具禮儀，併合掌虔跪，使師資有據，聲告纔竟。皇儲以下，爰逮群僚，各下席蹴跪，佇聆逸辯。乘前宣帝德云：「陛下巍巍堂堂，若星中之月云云。」次述釋宗，後以二難，雙徵兩教，玄梯廣布，義網高張，莫不躡向風馳，應機雲湧。既而天子回光，敬美其道，群公拜手，請從弘業。黃巾李仲卿，結舌無報。博士祭酒等，束體轅門。慧日更明，法雲還布，當又下詔問乘曰：「道士潘誕奏。悉達太子不能得佛，六年求道，方得成佛，是則道能生佛，佛由道成，道是佛之父師，佛乃道之子弟，故佛經云，求於無上正真之道。」又云：「體解大道，發無上意，外國語云：阿耨菩提，晉音翻之無上大道，若以此驗，道大佛小，於事可知。」乘報略云：「震旦之與天竺，猶環海之比麟洲。聃乃週末始興，佛是周初前出，計其相去二十許王，論其所經三百餘載。豈有昭王世佛而退求敬王時道乎，句虛驗實足可知也。仲卿向敘，道者有太上大道，先天地生，鬱勃洞虛之中，煒燁玉清之上，是佛之師，不言周時之老聃也。且五帝之前未聞有道，三王之季始有聃名，漢景已來，方興道學，窮今討古道者為誰，案七藉九流，經國之典，宗師周易，五運相生。既闢兩儀，陰陽是判，故曰：一陰一陽之謂道，陰陽不測謂之神，天地於事可明，陰陽在生有驗，此理數然也。不云有道先天地生，道既莫測，從何能生佛。故車胤云：在己為德，及物為道。殷仲文云：德者得也。道者由也。言得孝在心，由之而成也。論衡云：立身之謂德，成名之謂道，道德也者為若此矣。卿所言道，寧異是乎，若異斯者不足歸信，豈有頭戴金冠，身被黃褐，鬢垂素髮，手把玉璋，別號天尊居大羅之上，獨名大道治玉京之中，山海之所未詳，經史之所不載。大羅既焉有之說，玉京本亡是之談。」言畢下座，舉朝屬目。此時獨據詞宗，余術無為而退，一席楊扇，萬代舟航。可尚可師，立功立事，近假叨幸之力，遠庇護念之恩也。

貞觀元年，乘以銜荷特命，義須崇善，奉為聖上於勝光寺起舍利寶塔，像設莊嚴，備諸神變。並建方等道場，日夜六時，行坐三業。以貞觀四年十月二十日終於舊房，春秋七十有六。門人道璋先奉遺旨，於南山谷焚之，私斂餘灰，還於勝光起塔，沙門法琳為製碑文，見於別集。惟乘釋蒙據道，護法為

心，撫物恤窮，彌留情曲，而詞辯無滯，文義俱揚，寫送若流，有逾宿誦，此之一術，歿後絕蹤。而身歷三朝，政移六帝。頻升中殿，面對天顏。神氣消散，映徹牆仞。自見英德，莫不推焉。又卿士、王公、妃嬪、庶族，皆稟塗香申明供禮，所講《涅槃》、《般若》、《金鼓》、《維摩》、《地持》、《成實》等，各數十遍。璋即乘之猶子也，少所恭奉，立性誠愨，偏能唄讚，清囀婉約，有勢於時。每為都講，亦隸倫則。京邑後附，多向其塵云。

（據《續高僧傳》卷二十四《護法》）

僧普應

初總持寺有僧普應者，亦烈亮之士也。通《涅槃》、《攝論》，有涯略之致。以傅奕上事，群僧蒙然無敢諫者。應乃入秘書太史局公集，郎監命奕對論，無言酬賞，但云：「禿丁妖語，不勞敘接。」應曰：「妖孽之作，有國同誅，如何賢聖俱崇，卿獨侮慢。」奕不答。應退造《破邪論》兩卷，皆負籤鐻，徑詣朝堂，以陳所述。時執事者以聖上開治通諫，芻蕘雖納，奕表未將，理當不為程達。應乃多寫論本，日往朝省，卿相郎署，鼓言奕表，牽挽奕手，與談正理。素本淺學，假詞於人，杜口不對，斯亦彭亨強捍，僧傑不可抑也。應之所師法行者，亦貞素之僧也。俱住總持，眾首之最。立操孤拔，與物不群。每日六時，常立參像。自問自答，入進殿中。乃至勞遣，應聲如在。精確特立，眾難加焉。故又目之為高行也。行見塔廟，必加治護，飾以朱粉，搖動物敬。京寺諸殿有未畫者，皆圖繪之銘其相氏，即勝光褒義等寺是也。武德之始，猶未有年，諸寺饑餒，煙火不續，總持名勝，普應為先。結會僧倫，誓開糧路。人料一勺，主客咸然。時來投者，日恒僅百，夙少欣欣，曾不告倦，而行微念，起厭怠懷，即悔告人，大開鬼業，如何自累，惜他食乎，每旦出門，延頓客旅，歡笑先言，顧問將接，多辦缽履，安處布置，乃達時豐，初不休舍。後住楚國，講遺教論，以畢終矣。

（據《續高僧傳》卷二十四《護法》之《釋智實傳》）

唐終南山龍田寺釋法琳

釋法琳，姓陳氏，穎川人。遠祖隨宦，寓居襄陽……隋季承亂，入關觀化，流離八水，顧步三秦。每以槐里仙宗，互陳名實。昔在荊楚，梗概其文，而祕法奇章，猶未探括，自非同其形服，塵其本情，方可體彼宗師，靜茲紛結，乃

權捨法服，長髮多年，外統儒門，內希聘術。遂以義寧初歲，假被巾褐，從其居館。琳素通莊老，談吐清奇，道侶服其精華，膜拜而從遊處，情契莫二，共敘金蘭，故彼所禁文詞，並用諮琳取決，致令李宗奉釋之典，包舉具舒，張偽葛妄之言，詮題品錄。武德初運，還蒞釋宗，擁帔延光，棲惶問道，以帝壤同歸名教，是則鼓言鄭衛易可箴規。乃住京師濟法寺。至武德四年，有太史令傅奕，先是黃巾深忌佛法，上廢佛法事，十有一條，雲釋經誕妄言妖事隱，損國破家，未聞益世，請胡佛邪教退還天竺，凡是沙門，放歸桑梓。則家國昌大，李孔之教行焉。武皇容其小辯，朝輔未能抗也。時謂遵其邪迕，通廢宏衢，莫不懼焉。乃下詔問曰：「棄父母之鬚髮，去君臣之章服，利在何門之中，益在何情之外，損益二宜，請動妙適。」琳憤激傅詞，側聽明敕，承有斯問，即陳對曰：「琳聞至道絕言，豈九流能辯，法身無象，非十翼所詮。但四趣茫茫，漂淪欲海，三界蠢蠢，顛墜邪山。諸子迷以自焚，凡夫溺而不出。大聖為之興世，至人所以降靈。遂開解脫之門，示以安隱之路。於是中天王種辭恩愛而出家，東夏貴遊厭榮華而入道，誓出二種生死，志求一妙涅槃，弘善以報四恩，立德以資三有，此其利益也。毀形以成其志，故棄鬚髮美容；變俗以會其道，故去君臣華服。雖形闕奉親，而內懷其孝，禮乖事主，而心戢其恩，澤被怨親，以成大順，祐怙幽顯，豈拘小違。上智之人依佛語，故為益。下凡之類虧聖教，故為損。懲惡則濫者自新，進善則通人感化，此其大略也。而傅氏所奏，在司猶未施行，奕乃多寫表狀，遠近公然流佈。京室閭里，咸傳秃丁之誚；劇談酒席，昌言胡鬼之謠。佛日翳而不明，僧威阻而無勢，於時達量道俗，勵豪成論者非一，各疏佛理，具引梵文。委示業緣，曲垂邪正。但經是奕之所廢，豈有引廢證成。雖曰破邪終歸邪破。」琳情正玄機，獨覺千載，器局天授，博悟生知，睹作者之無功，信乘權之有據。乃著《破邪論》，其詞曰：莊周云：六合之內，聖人論而不議；六合之外，聖人存而不論。老子云：域中有四大，而道居其一。考詩、書、禮、樂之致，忠、烈、孝、慈之先。但欲攸序彝倫，意存敬事君父，至德惟是安上治民，要道不出移風易俗。自衛返魯，詎述解脫之言；六府九疇，未宣究竟之旨。案前漢藝文志所紀眾書一萬三千二百六十九卷，莫不功在近益，俱未暢遠途，誠自局於一生之內，非迥拔於三世之表者矣。遂使當見因果理涉，旦而猶昏；業報吉凶義經，丘而未曉。斯並六合之寰塊，五常之俗謨，詎免四流浩汗為煩惱之場，六趣誼嘩造塵勞之業者也。原夫實相杳冥，逾要道之道，法身凝寂，出玄之又玄，惟我大師，體斯妙覺。二邊頓遣，萬德

斯融。不可以境智求，不可以形名取。故能量法界而興悲，挨虛空而立誓。所以見生穢土，誕聖王宮，示金色之身，吐玉毫之相，布慈雲於鷲嶺，則火宅焰銷；扇惠風於雞峰，則幽途霧卷。行則金蓮捧足，坐則寶座承軀，出則天主導前，入則梵王從後。聲聞菩薩儼若朝儀，八部萬神森然翊衛。演涅槃則地現六動，說般若則天雨四花。百福莊嚴，狀滿月之臨滄海；千光照曜，如聚日之映寶山。師子一吼，則外道摧鋒；法鼓暫鳴，則天魔稽首。是故號佛，為法王也。豈與衰周李耳比德爭衡，末世孔丘輒相聯類者矣。是以天上天下，獨稱調御之尊；三千大千，咸仰慈悲之澤。然而理深趣遠，假筌蹄而後悟；教門善巧，憑師友而方通。統其教也，則八萬四千之藏，二諦十地之文，海殿龍宮之旨，古諜今書之量，莫不流甘露於萬葉，垂至道於百王。近則安國利民，遠則超凡證聖。但以時運未融，致令漢梵殊感，故西方先音形之奉，東國後見聞之益。及慈雲卷潤，慧日收光，乃夢金人於永平之年，睹靈骨於赤烏之歲。於是漢、魏、齊、梁之政像教勃興，燕、秦、晉、宋已來名僧間出。或神力救世，或異跡發人，或慧解開神，或通感適化。及白足臨刃不傷，遺法為之更始；志上分身員戶，帝王以之加信。具諸史籍其可詳乎，並使功被將來傳燈永劫。議者僉曰：「僧惟紹隆佛種，佛則冥衛國家，福蔭皇基，必無廢退之理。我大唐之有天下也，應四七之辰，安九五之位。方欲興上皇之風，開正覺之道，治致太平，永隆淳化。但傅氏所述，酷毒穢詞，並天地之所不容，人倫之所同棄。恐塵黷聖覽，不可具觀。伏惟陛下，布含弘之恩，垂鞠育之惠，審其逆順，議以真虛。佛以正法遠委國王，陛下君臨，斯當付囑。謹上《破邪論》一卷，用擬傅詞。文有三十餘紙。自琳之綴辨貫絕群篇，野無遁賢朝無遺士，家藏一本咸誦在心，並流略之菁華，文章之冠冕。茂譽於是乎騰廣，昏情由之而開尚矣。琳又以論卷初出，意在弘通，自非廣露其情，則卓隸不塵其道。乃上啟儲後、諸王及公卿侯伯等，並文理弘被，庶績咸嘉，其博詣焉。故奕奏狀因之致寢，遂得釋門重敞，琳實其功。東宮庶子虞世南，詳琳著論，乃為之序胤而傅氏不愜，其情重施密譖，構扇黃巾，用為黨類。各造邪論，貶量佛聖。昏冒生靈，炫曜朝野，薰蕕既雜，時所疑焉。武德九年春，下詔京置三寺惟立千僧，余寺給賜王公，僧等並放還桑梓。嚴敕既下，莫敢致詞，五眾哀號於槁街，四民顧歡於城市。於時道俗蒙然，投骸無措，賴由震方出帝，氛祲廓清，素襲啟聞，范究宗領。登即大赦，還返神居。故佛日重，朗於唐世，又由琳矣。琳頻逢黜陟，誓結維持，道挫世情，良資寡學。乃探索典籍，隱括玄奧，撰《辯正論》一部八卷，

穎川陳子良注之，並製序曰：昔宣尼入夢，十翼之理克彰；伯陽出關，二篇之義爰著。或鉤深繫象，或探賾希夷。名言之所不宣，陰陽之所不測。猶能彌綸天地，包括鬼神。道無洽於大千，言未超於域內。況乎法身圓寂，妙出有無，至理凝玄，跡泯真俗。體絕三相，累盡七生，無心即心，非色為色。筌蹄之外豈可言乎。若夫西伯拘羑遂顯精微，子長蠶室卒成先志，故易曰：古之作易者，其有憂乎，論之興焉，良有以矣。道士李仲卿、劉進喜等，並作庸文，謗毀正法。在俗人士，或生邪信。法師愍其盲瞽，遂著斯論，可謂皷茲法海，振彼詞鋒，碧雞之銳競馳，黃馬之峻爭驚，莫不迸墜柯摧，雲鎖霧卷。但此論窮釋老之教源，極品藻之名理，恐好事後生，意有未喻。弟子近申頂禮，從而問津，爛然溢目，若日月之入懷；寂乎應機，譬寶珠之燭物。既悟四衢之幻，便息百城之遊。於是啟所未聞，為之注解。良以文學雄伯，群儒奉戴，誘勸成則，其從如雲。貞觀初年，帝於南山大和宮舊宅置龍田寺。琳性欣幽靜，就而住之。眾所推美，舉知寺任。從容山服，詠歌林野。至十三年冬，有黃巾秦世英者，挾方術以邀榮，遂程器於儲貳，素嫉釋種，陰陳琳論，謗訕皇宗，罪當綱上。帝勃然下敕沙汰僧尼，見有眾侶乃依遺教，仍訪琳身，據法推勘。琳扼腕奮發，不待追徵，獨詣公庭，輕生徇理，乃縶以縲紲。下詔問曰：「周之宗盟異姓為後，尊祖重親，實由先古。何為追逐其短，首鼠兩端。廣引形似之言，備陳不遜之喻。把毀我祖禰，謗黷我先人。如此要君，罪有不恕。」琳答曰：「文王大聖，周公大賢，追遠慎終，昊天罔答。孝悌之至通於神明，雖有宗周義不爭長，何者皇天無親，竟由輔德，古人黨理而不黨親，不自我先不自我後。雖親有罪必罰，雖仇有功必賞，賞罰理當，故天下和平。老子習訓道宗，德教加於百姓，恕己謙光。仁風形於四海。」又云：吾師名佛，佛者覺一切人也。乾竺古皇，西升逝矣。討尋老教，始末可追。日授中經示誨子弟言。吾師者善入泥洹，綿綿常存，吾今逝矣。今劉李所跡，謗滅老氏之師，世莫能知，著《茲辯正論》有八卷，略對道士，六十餘條，並陳史籍。前言實非謗毀家國，自後辯對二十餘列。並據琳詞，具狀聞奏。」敕云：「所著《辯正論》信毀交報篇曰：有念觀音者，臨刃不傷，且赦七日，令爾自念。試及刑決，能無傷不。琳外纏桎梏，內迫刑期，水火交懷，訴仰無路。乃緣生來所聞經教及三聖尊名。銘誦心府，擬為顯應，至於限滿，忽神思影勇，橫逸胸懷，歡慶相尋，頓忘死畏，立待對問。」須臾，敕至云：「今赦期已滿，當至臨刑，有何所念，念有靈不。」琳援筆答曰：「自隋季擾攘，四海沸騰，役毒流行，干戈競起，興師相伐，舍檀兵威。

臣佞君荒，不為正治，遏絕王路，固執一隅。自皇王弔伐，載清陸海，斯實觀音之力，咸資勢至之因。比德連蹤，道齊上聖，救橫死於帝庭，免淫刑於都市。琳於七日已來，不念觀音，惟念陛下。」敕治書侍御史韋悰問琳：「有詔令念觀音，何因不念，乃云惟念陛下。」琳答：「伏承觀音聖鑒，塵形六道，上天下地，皆為師範。然大唐光宅四海，九夷奉職，八表刑清，君聖臣賢，不為枉濫。今陛下子育恒品如經，即是觀音。既其靈鑒相符，所以惟念陛下。但琳所著正論，爰與書史倫同，一句參差，任從斧鉞。陛下若順忠順正，琳則不損一毛；陛下若刑濫無辜，琳則有伏屍之痛。具以事聞。」遂不加罪，有敕徙於益部僧寺。行至百牢關菩提寺，因疾而卒，時年六十九。沙門慧序，經理所苦，情結斷金，曉夕同衾，慰撫承接。及命將盡在序膝上，序慟哭崩，摧淚如駛雨。乃召諸關旁道俗，葬於東山之頂，高樹白塔，勒銘志之。行路望者知便下淚。

序本雍州武功人。善經籍，通佛理，明攝論，以為敷化之訓。體道開俗，言無品藻。將護遊僧，用為家操。本住京輦，後移梁益。以百牢沖會，四方所歸。道俗棲投，往還莫寄。序乃宅寺關口，用接遠賓，故行侶賴之，詠歌盈耳。於時治書侍御史韋悰，審英飾詐，乃奏彈曰：「竊以大道鬱興，沖虛之跡斯闡，玄風既播，無為之教實隆，未有身預黃冠志同凡素者也，道士秦英，頗學醫方，薄閑咒禁。親戚寄命，羸疾投身。姦淫其妻，禽狩不異。若情違正教，心類豺狼。逞貪競之懷，恣邪穢之行。家藏妻子，門有姬童，乘肥衣輕，出入衢路。楊眉奮袂，無憚憲網。健羨未忘，觀繳在慮。斯原不殄，至教式虧。請置嚴科，以懲淫侈。乃入大理。竟以狂匪被誅，公私怪其死晚。琳所著詩賦、啟頌、碑表、章誄、大乘教法並諸論記傳，合三十餘卷。並金石擊其風韻，綈錦續其文思。流靡雅便，騰焰爾穆，又善應機說導，即事騁詞，言會宮商，義符玄籍，斯亦希世罕嗣矣。

（據《續高僧傳》卷二十四《護法》）

唐眉州聖種寺釋道會

釋道會，姓史，犍為武陽人。初出家，住益州嚴遠寺。器宇高簡，雅調逸群，四方道俗，日夕參候，猶以蜀門小陝，聞見非廣。乃入京，詢訪經十餘年，經論史籍，博究宗領，還蜀欲大開釋教……

（據《續高僧傳》卷二十四《護法》）

唐新羅國大僧統釋慈藏

釋慈藏，姓金氏，新羅國人，其先三韓之後也。（中古之時，辰韓、馬韓、卞韓，率其部屬，各有魁長，案梁貢職圖，其新羅國，魏曰斯盧，宋曰新羅，本東夷辰韓之國矣）……

以貞觀十二年，將領門人僧實等十有餘人，東辭至京，蒙敕慰撫勝光別院，厚禮殊供。人物繁擁，財事既積，便來外盜，賊者將取，心戰自驚。返來露過，便授其戒。有患生盲，詣藏陳懺，後還得眼，由斯祥應。從受戒者，日有千計，性樂棲靜，啟敕入山，於終南雲際寺東懸崿之上，架室居焉。旦夕人神，歸戒又集，時染少疹，見受戒神為摩所苦，尋即除愈，往還三夏，常在此山。將事東蕃，辭下雲際，見大鬼神，其眾無數，帶甲持仗云：「將此金輿，迎取慈藏。」復見大神與之共鬥，拒不許迎。藏聞臭氣，塞谷蓬勃，即就繩床，通告訣別。其一弟子又被鬼打，斃死乃蘇。藏即捨諸衣財，行僧德施。又聞香氣，遍滿身心。神語藏曰：「今者不死，八十餘矣。」既而入京，蒙敕慰問，賜絹二百匹，用充衣服。

貞觀十七年，本國請還，啟敕蒙許。引藏入宮，賜納一領、雜綵五百段。東宮賜二百段，仍於弘福寺為國設大齋，大德法集，並度八人。又敕太常九部供養，藏以本朝經像雕落未全，遂得藏經一部並諸妙像、幡花、蓋具堪為福利者，齎還本國。既達鄉壤，傾國來迎……

（據《續高僧傳》卷二十四《護法》）

唐京化度寺釋轉明

釋轉明，俗姓鹿氏，未詳何許人……至開明二年，即唐武德三年也。明從洛宮，安然而出，周圍五重，初不見跡，審偽都之將敗也。西達京師，太武皇帝夙奉音問，深知神異，隆禮敬之，敕住化度寺，數引禁中，具陳徵應。及後事會，咸同合契，以其年八月，忽然不見。衣資什物，儼在房中。尋下追徵，合國周訪，了無所獲。尋明在道，行涉冥祥，有問學者，乃云：「常以平等一法，志而奉之。」顧其遊步四朝，貴賤通屬，以明道冠幽極，皆往師之。而情一榮枯，實遵平等，而言調譎詭，不倫和韻。或云：「某法師者見謗大乘，生報無擇，某法師者從羊中來。」如此授記，其例不一，行至總持，顧僧眾曰：「不久此等，當流血矣，宜共慎之。」時以為卓異，共怪輕誕。及遭法該

等事尋被簿錄，戮之都市，方悔前失……

（據《續高僧傳》卷二十五《感通》）

唐京師救度寺釋洪滿

釋洪滿，姓梁，安定人……開皇初元，變俗從道，住救度寺。大業融並，入居法海。貞觀十三年卒，春秋八十三矣。

（據《續高僧傳》卷二十五《感通》）

唐京師定水寺釋明濬

釋明濬，姓孫，齊人。善章草，常以《金剛般若》為業。永徽元年二月十二日夜暴死，心上暖，周時方蘇，說云：「初有二青衣童子，將至王所，問一生作何業？」濬答：「但誦《金剛般若經》」。王曰：「不可言，師可更誦滿十萬遍。明年必生淨土，弟子不見師也。」還令二青衣送至寺，濬自爾精苦，倍百逾厲。至二年三月卒，寺眾咸聞異香云。

（據《續高僧傳》卷二十五《感通》）

唐京師普光寺釋明解

釋明解者，姓姚，住京師普光寺。有神明，薄知才學，琴詩書畫，京邑有聲。然調情敞怳，頗以知解自傲。於諸長少無重敬心，至於飲啖，不異恒俗。會龍朔之中，征諸三教有能觀國者策第賓王，解因此際往赴東都策第及之。行次將仕，乃脫袈裟，吾今脫此驢皮，預在人矣。遂置酒集諸士俗，賦詩曰：「一乘本非有，三空何所歸云云。」不久病卒。與友僧夢曰：「解以不信，故今生惡道，甚患饑渴，如何不以故情致一食耶。」及覺，遂列食於野祭之。又夢極慚愧云云。又下夢於畫工先來同役者曰：「我以不信敬生處極惡，思得功德，無由可辦。卿舊與相知，何為不能書一兩卷經耶。」又遺其詩曰：「握手不能別，撫膺聊自傷。痛矣時陰短，悲哉泉路長。野風驚晚吹，荒隧落寒霜。留情何所贈，惟斯內典章。畫工不識書，令誦十八遍。」已便去，遂覺向諸僧俗說之，嗟乎！明解可惜一生妄存耶！我自陷千載，斯謂徒生徒死，大聖豈虛言哉。

（據《續高僧傳》卷二十五《感通》）

周雍州逸沙門釋普圓

釋普圓，不知何許人。聲議所述，似居河海，周武之初，來遊三輔。容貌姿美，其相偉大，言顧弘緩，有丈夫之神采焉。多歷名山大川，常以頭陀為志，樂行慈救，利益為先，人有投者，輒便引度，示語行要，令遵苦節，誦《華嚴》一部，潛其聲相，人無知者，弟子侍讀，後因知之。然而常坐繩床，斂容在定，用心彌到，不覺經過晨夕，有時乞食，暫往村聚，多依林墓，取靜思惟。夜有強鬼，形極可畏，四眼六牙，手持曲棒，身毛垂下，徑至其前。圓怒目觀之，都無怖懾，不久便退，其例非一。又有惡人從圓乞頭，將斬與之，又不肯取，又復乞眼，即欲剜施，便從索手，遂以繩繫腕著樹，齊肘斬而與之，心悶委地，村人明乃聞知。因斯卒於郊南樊川也，諸村哀其苦行，爭欲收葬，眾議不決，乃分其屍為數段，各修塔焉。

（據《續高僧傳》卷二十七《遺身》）

唐京師弘福寺釋玄覽

釋玄覽，姓李，隨州房子人。毗季五人，最處其末。伯父任蒲州萬泉令，久而無子，養之若親。年十三，心慕出家，深見俗過，遂逃迸山谷，北達汾州超禪師所，見其言情博遠，即依而出家。令既失之，遣人羅捕，雖復藏竄，不免捉獲，口云：「身屬伯耳，心屬諸佛，終無俗志，願深照也。」伯乃愍而放之。貞觀年初，入京蒙度，配名弘福。常樂禪誦，禮悔為業，每語法屬，曰：「雖同恒業，而誓欲捨身。」至貞觀十八年四月，初脫諸衣服，總作一襆，付本寺僧，惟著一覆單衣，密去至京東渭陰，洪陂坊側，且臨渭水，稱念禮訖，投身澄中，眾人接出，覽告眾曰：「吾誓捨身命久矣，意欲仰學大士，難捨能捨，諸經正行，幸勿固遮，兩妨其業。」眾悟意，故乃從之。即又入水，合掌稱十方佛，廣發弘願，已投於漩渦中，三日後其屍方出，村人接之起塔本寺，怪其不歸，顧問無處，便開衣襆，乃見遺文，云：「敬白十方，三世諸佛，弟子玄覽，自出家來，一十二夏，雖沾僧數，大業未成，今欲修行檀波羅蜜，如薩埵投身屍毗，割股魚王肉山，經文具載，請從前聖，教附後塵，衣物眾具，任依佛教，臨終之人，多不周委。」名學等見其遺文，往尋究云。

（據《續高僧傳》卷二十七《遺身》）

唐雍州新豐福緣寺釋道休

釋道休，未詳氏族。住雍州新豐福緣寺，常以頭陀為業。在寺南驪山幽谷，結草為庵，一坐七日，乃出其定，執缽持錫，出山乞食，飯缽滿已，隨處而食，還來庵所。七日為期，初無替廢，所以村野有信，剋日至山，路首迎逆，而休歡笑先言，卑詞問訊，行說禁戒，誨以慈善，諸俗待其食已，從受歸戒，送入山門，然後乃返，積四十餘載。貞觀三年夏內，依期不出，就庵看之，端拱而卒，眾謂入定，於傍宿守，乃經信宿，迫而察之，方知氣盡，加坐不腐，儼若生焉。仍就而掩，扉外加棘刺，恐蟲傷也。四年冬首，余往觀焉，山北人接還村內，為起廟舍，安置厥形，雖皮鞭骨連，而容色不改，加坐如故，乃於其上加漆布焉。然休出家已來，常袒三衣，不服繒纊，以傷生也。又所著布衣，積有年稔，塵朽零破，見者寒心，時屬嚴冬，忽然呻噤，即合脫三衣，露背而坐，泠厲難耐，便取一重披之，遂便覺暖。自誡勸曰：「汝亦易誑，前後俱泠，俱是一衣，如何易奪？」遂覺暖也。汝不可信，當為汝師，或時欲補衣，以布相著，欲加縫綴，即便入定。後出之時，收而乞食，斯季世以死要生業道者，罕有蹤也。余曾參翻譯，親問西域諸僧，皆以布氈而為袈裟都無繒絹者，縱用以為余衣，不得加受持也。其龜茲於遁諸國，見今養蠶，惟擬取綿，亦不殺害，故知休之慈救與衡嶽同風，前已廣彰，恐迷重舉，自余服玩，安可言矣。

（據《續高僧傳》卷二十七《遺身》）

唐終南山藍谷悟真寺釋慧超

釋慧超，姓泛氏，丹陽建元人。稟懷溫裕，立性懷仁，弱齡厭俗。自出家後，誦《法華經》，聞光州大蘇山慧思禪師獨悟一乘，善明三觀，與天台智者仙城命公篤志幽尋，積年請業，行憂智遠，德冠時賢，思對眾命曰：「超之神府，得忍人也。」及遊衡嶺。復與同途留誦經停，亟移歲序。自隋初廓定，北入嵩高，餌藥坐禪，冀言終老。隋太子勇召集名德，總會帝城，以超業行不群，特留供養，而恭慎凝攝，不顧世華。及勇廢免，一無所涉，晚移定水，高振德音，道俗歸宗，仰其戒範。會淨業法師卜居藍田谷之悟真寺，欽超有道，躬事邀迎，共隱八年，倍勤三惠。及大業承運，禪定初基，爰發詔書，延入行道，屢辭砭疾，後許還山，德感物情，頗存汲引。四川貴望，一縣官民，莫不委質投誠，請傳香德，並為經始伽藍，繼綜羞粒。大唐伊始，榮重於前，京邑

名僧慧因、保恭等，情慕隱淪，咸就棲止，蔭松偃石，論詳道義，皆曰：「斯誠出要樂也。」後臥疾少時，弟子跪問，答曰：「吾之常也，長生不欣，夕死不戚。」乃面西正坐云：「第一義空，清淨智觀。」言如入定，奄遂長往，春秋七十有七，即武德五年十二月六日也。露骸松石，一月餘日，顏色不變，天策上將，聞稱希有，遣人就視，端拱如生。自超九歲入道，即誦《法華》五十餘年，萬有餘遍，感靈獲瑞，不可勝言。弟子法成等，為建白塔於寺之北峰焉。

（據《續高僧傳》卷二十八《讀誦》）

唐驪山津梁寺釋善慧

釋善慧，姓苟氏，河內溫人……孟冬十月初達京師，值沙門吉藏正講《法華》，深副本圖，即依聽受，形服鄙惡，眾不納之，乃掃雪藉地，單裙打坐，都講財唱，傾耳詞句，擬定經文，藏既闡揚，勇心承旨，望通理義，由情存兩得，不暇忍寒，歡笑熙熙，如賈獲寶。竟冬常爾，眾方美之，問以詞旨，片無遺忘，乃以聞法，同屬禪定寺。沙門法喜便脫衣迎之，引至房中，智觀無濫，慧又師喜，兩振芳規。武德初年，隨住藍田之津梁寺，俗本驪戎，互相梗戾，率獎陶化，十室而九，然而性愛英賢，樂相延致，自西自東，百有餘里，名林勝地，皆建禪坊，所之逃逸之儔，賴其安堵。以貞觀九年正月終於驪山之陽涼泉精舍，春秋四十有九。初慧棄擲俗典，蒞此玄模，言不重涉，專心道業，省言節食，佩律懷仁，迎頓客旅，雅重經教，其有未曾覩者，要必親覩，若值行要，累日誦持，以為薰習之基也。

（據《續高僧傳》卷二十八《讀誦》）

唐京師大莊嚴寺釋慧銓

釋慧銓，姓蕭氏，今特進宋公瑀之兄子也。父仕隋為梁公，祖即梁明帝矣。性度恢簡，志用沖粹，姑即隋煬之後也。自幼及長，恒在宮闈，慕樂超世，無因自達，年既冠成，帝乃尚以秦孝王女為妻，非其願也。事不獲已，時行伉儷，及妻終後，方遂夙心。以鄭氏東都，預茲剃落。及武德初歲，方還京輦，住莊嚴寺。廣聽眾部，而以《攝論》為心，頗懷篇什，尤能草隸，隨筆所被，用為模楷，故經題寺額，咸推仰之。兄鈞任東宮中舍，文才之舉，朝廷攸屬，每歲春秋，相攜巖岫，觸興題篇，連句同韻，時以為難兄弟也。又弟智

證，出家同住，即宋公之兄太府卿之子也。略榮位之好，欣懷道業，勤勤自課，無擇昏曉。證與兄銓相次而卒，以家世信奉，偏弘《法華》，同族尊卑，咸所成誦，故蕭氏法華，皂素稱富，特進撰疏，總集十有餘家。採掇菁華，揉以胸臆，勒成卷數，常自敷弘。時召京輦名僧，指謫瑕累，或集親屬僧尼，數將二十，給惠以時，四事無怠，故封祿所及，惟存通濟，太府情好，讀誦為先。故生至終，誦盈萬遍，雇人抄寫，總有千部，每日朝參，必使儐者執經在前，至於公事微隙，便就轉讀，朝伍仰屬以為絕倫。自釋化東傳，流味彌遠，承受讀誦，世罕伊人，蕭氏一門，可為天下模楷矣。

（據《續高僧傳》卷二十八《讀誦》）

唐雍州禮泉沙門釋遺俗

釋遺俗，不知何許人。以唐運初開，遊止雍州禮泉縣南美泉鄉陽陸家。鎮常供養，清儉寡欲，惟誦《法華》為業，晝夜相繼，乃數千遍。以貞觀初，因疾將終，遺囑友人慧廓曰：「比雖誦經，意望靈驗，以生蒙俗，信向之善，若身死後，不須棺盛，露骸埋之，十載可為發出，舌根必爛，知無受持，若猶存在，當告道俗為起一塔，以示感靈。」言訖而終，遂依埋葬。至貞觀十一年，廓與諸知故就墓發之，身肉都銷，惟舌不朽，一縣士女，咸共仰戴，誦持之流，又倍恆度。乃函盛其舌，於陽陸村北甘谷南岸為建磚塔，識者尊嚴彌隆，信敬誦讀更甚。

又京城西南豐谷鄉福水南史村史呵擔者，少懷善念，常誦《法華》，行安樂行，慈悲在意，不乘畜產，虛約為心，名沾令史。往還京省，以習誦相，仍恐路逢相識，人事暄涼，便廢所誦，故其所行，必小徑左道，低氣怡顏，緣念相續。初不告倦，及終之時，感異香氣，充於村曲，親疏同怪，遂埋殯之。爾後十年妻亡，乃發屍出，舌根鮮明，余並朽盡，乃別標顯葬。

（據《續高僧傳》卷二十八《讀誦》）

唐京師大莊嚴寺釋智興

釋智興，俗緣宋氏，洛州人也。謙約成務，厲行堅明，誦諸經數十卷，並行法要，偈數千行，心口相師，不輟昏曉，住禪定寺，今所謂大莊嚴也。初依首律師，隨從講會，思力清撤，同侶高之。徵難鱗錯，詞鋒驚挺。又能流靡巧便，不傷倫次，時以其行無諍也。大業五年仲冬，次掌維那，時鐘所役，奉佩

勤至，僧徒無擾。寺僧三果者，有兄從帝南幸江都，中路亡沒，初無凶告，忽通夢其妻曰：「吾行從達於彭城，不幸病死，生於地獄，備經五苦，辛酸巨言，誰知吾者，賴以今月初日蒙禪定寺僧智興鳴鐘發聲，響振地獄，同受苦者，一時解脫，今生樂處，思報其恩，可具絹十匹奉之，並陳吾意。」從睡驚覺，怪夢所由，與人共說，初無信者。尋又重夢，及諸巫覡咸陳前說，經十餘日，凶問奄至，恰與夢同，果乃奉絹與之。而興自陳無德，並施大眾，有問興曰：「何緣鳴鐘，乃感斯應。」興曰：「余無他術，見付法藏傳，罽膩吒王，劍輪停事，及《增一阿含》，鐘聲功德，敬遵此轍，苦力行之。」每冬登樓，寒風切肉，僧給皮袖，用執鍾槌，余自屬意，露手捉之，嚴寒裂肉，掌中凝血，不以為辭。又至諸時，鳴鐘之始，願諸賢聖同入道場，然後三下，將欲長打，如先致敬。願諸惡趣聞此鐘聲，俱時離苦，如斯願行，志常奉修，豈惟微誠，遂能遠感，眾服其言。以貞觀六年三月遘疾。少時自知後世，捨緣身資，召諸師友，因爾陳別。尋卒莊嚴，春秋四十有五，葬於杜城窟中。弟子善因，宗師戒範，講《四分律》，講《法華經》，冥神福慧，著聞京邑。

（據《續高僧傳》卷二十九《興福》）

唐蒲州普救寺釋道積

釋道積，河東安邑〔註200〕人也。俗姓相里，名子材，既菬玄門更名道積，其先蓋鄭大夫子產〔註201〕之苗裔矣……至十八年入於京室，供寶昌寺明及法師諮習《地論》。又依辯才、智凝法師攝《大乘論》。於十義薰習，六分轉依，無塵惟識，一期明悟。仁壽二年，又往并州武德寺沙門法棱所……

（據《續高僧傳》卷二十九《興福》）

唐京師會昌寺釋德美

釋德美，俗姓王，清河臨清〔註202〕人也。年在童稚，天然樂善，口中所

〔註200〕古地名，即今山西運城。
〔註201〕子產：即姬僑，字子產，又字子美，人們又稱他為公孫僑、鄭子產，春秋後期鄭國（今河南新鄭）人，與孔子同時，是孔子最尊敬的人之一。公元前554年鄭簡公殺子孔後被立為卿，公元前543年到522年執掌鄭國國政，是當時著名的政治家、思想家。
〔註202〕即山東臨清。

演，恒鋪讚唄，擁塵聚戲，必先景塔，每見形象，生知禮敬，由是親故密而異之，知非紹續之胤也。任從師學，十六辭親，投諸林野，廣訪名賢，用為師傅。年至十九，方蒙剃落，謹敬謙恪，專思行務，雖經論備閱，而以律要在心，故四分一部，薄通宗係，追求善友，無擇遐邇，潔然自厲，不群非類。開皇末歲，觀化京師，受持戒檢，禮懺為業，因往太白山誦佛名經一十二卷。每行懺時，誦而加拜，人以其總持念力，功格涅槃。太白九隴先有僧邕禪師，道行僧也。因又奉之而為師導，從受義業，亟染暄涼。後還京輦，住慧雲寺，值默禪師又從請業，默即道善禪師之神足也。善遵承信行，普功德主，節約形心，不衣皮帛。默從受道，聞見學之，望重京都，偏歸俗眾，美依承默，十有餘年。三業隨從，深相器待，所以每歲禮懺，將散道場，去期七日，苦加勵勇，萬五千佛，日別一遍，精誠所及，多感徵祥。自爾至終，千有餘遍，故默之弘獎福門，開悟士俗，廣召大眾，盛列檀那，利養所歸，京輦為最。積而能散，時又珍重，常於興善千僧行道，期滿贍奉，人別十縑，將及散晨，外赴加倍，執事懼少，依名付物，默聞告曰：「何有此理，不成僧義，必若約截，凡聖難知，但當供養，不慮虛竭，庫先無貯物，出散之晨，及設大會，七眾俱集，施物山積，新舊咸充，時又欽之，謂其志大而致遠，故使靈祇冥助也，不然誰能睹斯不懼耶。故自開皇之末，終於大業十年。年別大施，其例咸爾，默將滅度，以普福田業委於美，美頂行之，故悲敬兩田，年常一施，或給衣服，或濟餱糧。及諸造福處，多有匱竭，皆來祈造，通皆賑給。又至夏末，諸寺受盆，隨有盆處，皆送物往，故俗所謂普盆錢也。往住禪定，斯事無殆。大業末歲，夏召千僧，七日行道，忽感異人，形服率然來，告美曰：「時既炎熱，何不打餅以用供養。」美曰：「麵易辦也，人多餅壞，何由可致。」便曰：「易可辦耳，且溲三十斛麵，作兩日調，餅不壞也。」即隨言給，但云多辦瓮水槽，多貯冷水，明旦將設，半夜便起，打麵搥案，鼓動人物，僧俗聚觀，驚亂眼耳。須臾打切麵已，將半命人煮之，隨熟內水，自往攪之，及明行餅，皆訝緊韌，抽拔難斷，千人一飽，咸共欣泰。試尋匠者，通問失所。餘有槽甕中餅，日別供僧，乃盡限期，一無爛壞。合眾悲慶，感通斯應。武德之始，創立會昌，又延而住。美乃於西院造懺悔堂。像設嚴華，堂宇宏麗，周廊四注，復殿重敞，誓共含生，斷諸惡業，鎮長禮悔，潔淨方等，凡欲進具，必先依憑，蕩滌身心，方登壇位。又於一時所汲浴井忽然自竭，徒眾駐立，無由洗懺，美乃執爐臨井，苦加祈告，應時泉湧，還同恒日，時共宗焉。所畜舍利藏以寶函，

隨身所往,必齎供養,每諸起塔,祈請散之,百粒千粒,隨須而給,精苦所感,隨散隨滿,由是增信彌隆,勤懇不絕。又年經秋夏,常行徒跣,恐蹈蟲蟻,慈濟意也。或行般舟,一夏不坐;或學止過,三年不言;或效不輕,通禮七眾;或同節食,四分之一。如斯雜行,其相紛綸,即目略舒,差難備舉,生常輒想,專固西方,口誦彌陀,終於命盡。以貞觀十一年十二月二十六日合掌稱佛卒於寺院,春秋六十三矣,乃送於南山鴟鳴堆。後又收骸於梗梓谷起塔。弟子等樹碑於會昌寺,侍中于志寧為文。

又京邑沙門曇獻者,亦以弘福之業,功格前賢,身令成範,眾所推揖,所造福業,隨處成焉。故光明寶閣,冠絕寰中,慈悲佛殿,時所驚異,人世密爾,故不廣焉。

（據《續高僧傳》卷二十九《興福》）

唐京師清禪寺釋慧冑

釋慧冑,姓王,蒲州蒲阪〔註203〕人。少在道門,樂崇福事。受具已後,師表僧祇。及至立年,又專禪誦,曉夕相繼,偏重《法華》。後住京邑清禪寺,草創基構,並用相委,四十餘年,初不告倦,故使九級浮空,重廊遠攝,堂殿院宇,眾事圓成,所以竹樹森繁,園囿周繞,水陸莊田,倉廩碾磑,庫藏盈滿,莫匪由焉。京師殷有,無過此寺,終始監護,功實一人。年至耳順,便辭僧任,眾以勤劬經久,且令權替。及於臨機斷決,並用諮詢,寺足淨人,無可役者。乃選取二十頭,令學鼓舞,每至節日,設樂象前,四遠問觀,以為欣慶,故家人子弟,接踵傳風,聲伎之最。高於俗里,遇患極困,自然知卒,香湯沐浴,正理衣襟,曰:「吾有小罪,須加重病,事由營造,掘鑿故也。」至於終晨,言氣不昧,告弟子曰:「酬債了矣,吾其去矣。」尋聲而卒,春秋六十有九,即貞觀初年也。乃露骸收葬,為起方墳,就而銘之。

時京邑會昌有沙門法素者,倜儻不倫,操業奇卓,雅為眾怪,本師智顗專行勸福。昔在江表,遊適所至,皆設萬人大會,夜告纔竟,明即成辦,此例非一。隋末東都,嬰城自固,肌骨相望,有若塊焉。寺有金像二軀,各長一丈,素不忍見斯窮厄,取一融破糶米作糜,餧諸餓者,須臾米盡,又取欲壞。時沙門辯相,與諸僧等拒諍不與,素曰:「諸大德未知至理也,昔如來因地為

〔註203〕古地名,即今山西永濟。

諸眾生，尚不惜頭目髓腦，或生作肉山，或死作大魚，以濟饑喂，如何成果，復更貪惜化形，必不然矣。素今身肉堪者，亦所不惜，大德須知，今此一像，若不惠給眾生，城破之後，亦必從毀，則墜陷多人，何如素今，一身當也。」眾不許之。及偽鄭降日，像先分散，如其言焉。然其言行譎詭，險而難遵，其例不一。後入京室，卒會昌寺。

（據《續高僧傳》卷二十九《興福》）

唐京師弘福寺釋慧雲

釋慧雲，姓王，太原人也。遠祖避地，止於九江，弱年樂道，投匡山大林寺沙門智鍇而出家焉。鍇亦標領當時，有聲出世，而雲慷慨時俗，精屬歸從，故得獨異恒倫，不拘物累，致有大節大務，偏所留心。時年二十有五，達禪師者江淮內外所在興造，事力不遂，咸來祈請。雲為寺廟毀壞，故致邀延，達不許之，雲以來告不申，便陳死請，委身在地，涕泗滂沱，流迸塗漫，滿五尺許。又以頭叩地，青腫覆眼，加諸誓願曰：「若不蒙赴，雲亦投江。」達見其意盛，欻然回意。雲即前告道俗，所在迎候，披草望山，行不由徑，路值群虎，不暇駐目。延達至山，須有經始，溯流諸處，檢校功德。時屬嚴冬，冰擁船路，崩砂頹結，屢阻舟人。雲乃急繫衣裳，破冰挽纜，腰胯以下，凌澌截肉，流血凝住，不覺疲苦，自此船行二百餘里，方登所在，其懇誠難繼，並例此也。隋季末齡，中表賊亂，有林士弘者，結眾豫章，偽稱楚帝。偽尚書令鄱陽胡秀才，親領士眾，臨據九江，因感發心，欣寫廬山、東林文殊瑞像，盡所鎮境，訪監護者，道俗僉議，以雲有出眾之奇，雅當此選，爐錘既辦，便就鎔範，光儀乃具，惟頸及脅，兩處有孔，時眾未之悟也。其年秀才偽敕，所追有像色金百二十兩盛以竹筒。雲以賊徒蜂起，無方守護，並用付才。又以念誦銅珠一環，遺才為信，行至宮亭，軍士乞福，才得便風，舉帆前引。於江中路，遭浪船沒，財物蕩盡，惟人達岸。才諸無所恨，但失像色金，煩冤江畔，呼嗟不絕，誓願不成，深為業也。須臾金筒，隨浪逆流，並遺銅珠，前後相繼，泛隱向岸就才。既獲色金，舉眾同叫，歡欣無量，計被沒處至所出岸三十餘里，重而能浮，逆波相授，軍民通怪，驚異靈感。及才之遇害也，刃開頸脅，恰符像焉。初才之欲擊賊，以金用委叔父曉禪師，及楚都既覆，群寇交侵，曉用弊布裹金，擔以避難，不免為賊所奪，既失像金，取求無計。尋有賊中來者，盜金投曉，俱不知是金擔也。曉得本金，委雲成就，光相超挺，今在

山閣。初鑄像時，有李五戒者，私發願曰：「若鎔金日，誓然一臂。」雲為模樣早成，遂前期日，李氏不知已鑄，乃夢像曰：「汝先願然臂，如何違信耶。」李氏夢寤，因始知之，即於像前以刀解臂，蠟布纏骨而燒焉，又感徵應，略其事也。雲以江介威紆，累逢草竊，經論乃積，而戒律未弘。遠趣帝京，躬參學府，值首律師，當陽開化，大適本志，悲喜交並，採掇行務，有聞朝省。下敕令住弘福。而形貌長偉，骨面多髯，言晤成章，眾所知識，偏能讀誦，頗盛威容，故齋福大集，恒居坐首，群公卿士，側席虛心，一舉五卷，須臾尋了，未聞唉噎，莫不嘉尚，然其程器，即目故略敘之。

（據《續高僧傳》卷二十九《興福》）

唐京師玄法寺釋法琰

釋法琰，俗姓嚴，江表金陵人。本名法藏，住願力寺，聽莊嚴寺矙公《成實》，入義知歸，時共讚賞。每聞經聲唄讚，如舊所經，充滿胸臆，試密尋擬，意言通詣，即以所解用諮，先達咸曰：「卿曾昔習，故有今緣，不可怪也。」遂取瑞應，依聲盡卷，舉擲旁迸，囀態驚馳，無不訝之，皆來返啟，乃於講隙，一時為敘。陳國齋會有執卷者，若不陳聲，齋福不濟，故使人各所懷，相從畢聽，清音盈耳，頌聲洋溢，廣流世路。晚被晉府召入日嚴，終於武德。復居玄法，雖年迫期頤，而聲喉不敗，京室雖富，聲業甚貧。諸有尋味，莫有高於琰者。然而性在知足，不畜貨財，福利所歸，隨皆散盡。以貞觀十年卒於此寺，九十餘矣。

（據《續高僧傳》卷三十《雜科聲德》）

唐京師定水寺釋智凱

釋智凱，姓安，江表揚都人。家世大富，奴僕甚多，年在童丱，雅重嘲謔，引諸群小乃百數人，同戲街衢，以為自得。陳氏臺省，門無衛禁，凱乃率其戲侶，在太極殿前，號令而過，朝宰江總等。顧其約束銓敘，駐步訝之，相視笑曰：「此小兒王也。」及至學年，總擲前緒，承沙門吉藏振宗禹穴，往者談之，光聞遠邇，便辭親詣焉。從受三論，偏工領疊，所以初章中假，複詞遣滯，學人苦其煩挐，而凱統之，冷然釋頓，各有投詣。及藏入京，因倍同住，義業通廢，專習子史，今古集傳，有關意抱，輒條疏之，隨有福會，因而標擬。至於唱導將半，更有緣來，即為敘引，冥符眾望。隋末唐初，嘉猷漸著，

每有殿會，無不仰推，廣誦多能，罕有其類，嘗於內殿，佛道雙嚴，兩門導師，同時各唱。道士張鼎，雄辯難加，自恨聲小，為凱陵架，欲待言了，方肆其術。語次帝德，鼎延其語，凱斜目之，知其度也。乃含笑廣引古今皇王治亂濟溺得喪銓序，言無浮重，文極鋪要，鼎構既窮，凱還收緒，一代宰伯，同賞標奇，臨機之妙，銛鋒若此。而情均貧富，赴供不差，存念寒微，多行針療。後以蠅點所拘，申雪無路，徙於原部，乃冠服古賢，講開莊老。時江夏王道宗，昔在京輦，第多福會，至於唱敘，無非凱通，後督靈州，攜隨任所，留連歲稔，欣慕朋從。及巡撫燕山，問罪泥海，皆與連騎，情同比影，在蕃齋祀，須有導達，乃隔幔令凱作之。至於終詞，無不泣淚，王亦改容，遂卒於彼。

（據《續高僧傳》卷三十《雜科聲德》）

唐京師法海寺釋寶岩

釋寶岩，住京室法海寺。氣調閑放，言笑聚人，情存道俗，時共目之，說法師也。與講經論，名同事異，論師所設，務存章句，消判生起結詞義，岩之制用，隨狀立儀，所有控引，多取雜藏，百譬異相聯璧。觀公導文，王孺懺法，梁高、沈約、徐庾、晉宋等數十家，包納喉衿，觸興抽拔，每使京邑諸集，塔寺肇興，費用所資，莫匪泉貝。雖玉石通集，藏府難開，及岩之登座也。案几顧望，未及吐言，擲物雲崩，須臾坐沒，方乃命人徙物，談敘福門，先張善道可欣，中述幽途可厭。後以無常逼奪，終歸長逝，提耳抵掌，速悟時心，莫不解髮撤衣，書名記數，克濟成造，咸其功焉。時有人云：「夫說法者，當如法說，不聞陰界之空，但言本生本事。」岩曰：「生事所明，為存陰入無主，但濁世情鈍，說陰界者皆昏睡也。故隨物附相，用開神府，可不佳乎。」以貞觀初年卒於住寺，春秋七十餘矣。

（據《續高僧傳》卷三十《雜科聲德》）

唐京兆大薦福寺義淨

釋義淨，字文明，姓張氏，范陽人也。髫齓之時，辭親落髮，遍詢名匠，廣探群籍，內外閑習，今古博通。年十有五，便萌其志，欲遊西域，仰法顯之雅操，慕玄奘之高風。加以勤無棄時，手不釋卷，弱冠登具，愈堅貞志。咸亨二年，年三十有七，方遂發足。初至番禺，得同志數十人，及將登舶，余皆退罷。淨奮勵孤行，備歷艱險。所至之境，皆洞言音。凡遇酋長，俱加禮重。鷟

峰、雞足，咸遂周遊，鹿苑、祇林，並皆瞻矚。諸有聖蹟，畢得追尋。經二十五年，歷三十餘國，以天后證聖元年乙未仲夏，還至河洛，得梵本經律論近四百部，合五十萬頌，金剛座真容一鋪，舍利三百粒。天后親迎於上東門外，諸寺緇伍具幡蓋歌樂前導，敕於佛授記寺安置焉。

初與于闐三藏實叉難陀翻《華嚴經》。久視之後，乃自專譯。起庚子歲至長安癸卯，於福先寺及雍京西明寺譯《金光明最勝王》、《能斷》、《金剛般若》、《彌勒成佛》、《一字咒王》、《莊嚴王陀羅尼》、《長爪梵志》等經，《根本一切有部毗奈耶》、《尼陀那目得迦》、《百一羯磨攝》等，《掌中》、《取因假設》、《六門教授》等論，及《龍樹勸誡頌》，凡二十部。北印度沙門阿儞真那證梵文義，沙門波侖、復禮、慧表、智積等筆受證文，沙門法寶、法藏、德感、勝莊、神英、仁亮、大儀、慈訓等證義。成均太學助教許觀監護，繕寫進呈。天后製《聖教序》，令標經首。暨和帝神龍元年乙巳，於東洛內道場譯《孔雀王經》，又於大福先寺出《勝光天子》、《香王菩薩咒》、《一切莊嚴王經》四部，沙門盤度讀梵文，沙門玄傘筆受，沙門大儀證文，沙門勝莊、利貞證義，兵部侍郎崔湜、給事中盧粲潤文正字，秘書監駙馬都尉楊慎交監護。帝深崇釋典，特抽睿思，製《大唐龍興三藏聖教序》。又御洛陽西門，宣示群官新翻之經。二年，淨隨駕歸雍京，置翻經院於大薦福寺，居之。三年，詔入內與同翻經沙門九旬坐夏。帝以昔居房部，幽厄無歸，祈念藥師，遂蒙降祉，荷茲往澤，重闡鴻猷。因命法徒更重傳譯於大佛光殿，二卷成文，曰《藥師琉璃光佛本願功德經》。帝御法筵，手自筆受。睿宗永隆元年庚戌，於大薦福寺出《浴像功德經》、《毗奈耶雜事二眾戒經》、《唯識寶生》、《所緣釋》等二十部，吐火羅沙門達磨末磨，中印度沙門拔弩證梵義，罽賓沙門達磨難陀證梵文，居士東印度首領伊舍羅證梵本，沙門慧積、居士中印度李釋迦度頗多語梵本，沙門文綱、慧沼、利貞、勝莊、愛同、思恒、證義，玄傘、智積筆受，居士東印度瞿曇金剛，迦濕彌羅國王子阿順證譯，修文館大學士李嶠、兵部尚書韋嗣立、中書侍郎趙彥昭、吏部侍郎盧藏用、兵部侍郎張說、中書舍人李又二十餘人，次文潤色，左僕射韋巨源、右僕射蘇瑰監護，秘書大監嗣虢王邕同監護。景雲二年辛亥，復於大薦福寺譯《稱讚如來功德神咒等經》，太常卿薛崇嗣監護。自天后久視迄睿宗景雲，都翻出五十六部，二百三十卷。又別撰《大唐西域求法高僧傳》、《南海寄歸內法傳》。別說《罪要行法》、《受用三法》、《水要法》、《護命放生軌儀》，凡五部，九卷。又出《說一切有部跋窣堵》，即諸律中犍度

跋渠之類，蓋梵音有楚夏耳，約七十八卷。淨雖遍翻三藏，而偏攻律部，譯綴之暇，曲授學徒。凡所行事皆尚急護。漉囊滌穢，特異常倫。學侶傳行，遍於京洛，美哉，亦遺法之盛事也。先天二年卒，春秋七十九，法臘五十九，葬事官供。所出《跋窣堵》唯存真本，未暇覆疏，而逼泥曰，然其傳度經律，與奘師抗衡。比其著述，淨多文。性傳密咒，最盡其妙，二三合聲，爾時方曉矣。今塔在洛京龍門北之高岡焉。

　　係曰：譯之言易也，謂以所有易所無也。譬諸枳橘焉，由易土而殖，橘化為枳。枳橘之呼雖殊，而辛芳榦葉無異。又如西域尼拘律陀樹，即東夏之楊柳，名雖不同，樹體是一。自漢至今皇宋，翻譯之人多矣。晉魏之際，唯西竺人來，止稱尼拘耳。此方參譯之士，因西僧指楊柳，始體言意。其後東僧往彼，識尼拘是東夏之柳。兩土方言，一時洞了焉。唯西唯東，二類之人未為盡善。東僧往西，學盡梵書，解盡佛意，始可稱善傳譯者。宋齊已還，不無去彼回者，若入境觀，風必聞其政者，奘師、法師為得其實。此二師者兩全通達，其猶見璽文知是天子之書，可信也。《周禮》象胥氏，通夷狄之言，淨之才智，可謂釋門之象胥也歟。

（據《宋高僧傳》卷一《譯經》）

唐洛陽廣福寺金剛智

　　釋跋日羅菩提，華言金剛智。南印度摩賴耶國人也，華言光明，其國境近觀音宮殿補陀落伽山。父婆羅門善《五明論》，為建支王師。智生數歲，日誦萬言，目覽心傳，終身無忘。年十六，開悟佛理，不樂習尼揵子諸論，乃削染出家，蓋宿植之力也。後隨師往中印度那爛陀寺，學修多羅、阿毗達磨等。洎登戒法，遍聽十八部律。又詣西印度學小乘諸論及《瑜伽三密陀羅尼門》。十餘年全通三藏。次復遊師子國，登楞伽山，東行佛誓、裸人等二十餘國。聞脂那佛法崇盛，泛舶而來，以多難故，累歲方至。開元己未歲，達於廣府，敕迎就慈恩寺，尋徙薦福寺，所住之剎，必建大曼拏羅灌頂道場，度於四眾。大智、大慧二禪師，不空三藏，皆行弟子之禮焉。後隨駕洛陽……

（據《宋高僧傳》卷一《譯經》）

唐京兆大興善寺不空

　　釋不空，梵名阿目佉跋折羅，華言不空金剛，止行二字，略也。本北天

竺婆羅門族，幼失所天，隨叔父觀光東國。年十五師，事金剛智三藏，初導以梵本《悉曇章》及《聲明論》，浹旬已通徹矣。師大異之，與受菩薩戒，引入金剛界大曼荼羅，驗以擲花，知後大興教法。洎登具戒，善解一切有部，諳異國書語。師之翻經，常令共譯。凡學《聲明論》，一紀之功，六月而畢。誦《文殊普賢行願》，一年之限，再夕而終。其敏利皆此類也。欲求學《新瑜伽五部三密法》，涉於三載，師未教詔。空擬回天竺，師夢京城諸寺佛菩薩像皆東行，寐寤乃知空是真法器，遂允所求。授與《五部灌頂護摩阿闍梨法》及《毗盧遮那經》、《蘇悉地軌則》等，盡傳付之。厥後師往洛陽，隨侍之際，遇其示滅，即開元二十年矣。影堂既成，追謚已畢，曾奉遺旨，令往五天並師子國，遂議遐徵。

初至南海郡，採訪使劉巨鄰懇請灌頂，乃於法性寺相次度人百千萬眾。空自對本尊祈請旬日，感文殊現身。及將登舟，採訪使召誡番禺界蕃客大首領伊習賓等曰：「今三藏往南天竺師子國，宜約束船主好將三藏並弟子含光、慧辯等三七人、國信等達彼，無令疏失。」二十九年十二月，附崑崙舶離南海，至訶陵國界，遇大黑風。眾商惶怖，各作本國法禳之，無驗，皆膜拜求哀，乞加救護，慧辯等亦慟哭。空曰：「吾今有法，汝等勿憂。」遂右手執五股菩提心杵，左手持《般若佛母經》夾，做法誦《大隨求》一遍，即時風偃海澄。又遇大鯨出水，噴浪若山，甚於前患，眾商甘心委命，空同前做法，令慧辯誦《娑竭龍王經》，逡巡，眾難俱息。既達師子國，王遣使迎之。將入城，步騎羽衛，駢羅衢路。王見空，禮足請住宮中，七日供養。日以黃金斛滿盛香水，王為空躬自洗浴，次太子、后妃、輔佐，如王之禮焉。空始見普賢阿闍梨，遂奉獻金寶錦繡之屬，請開《十八會金剛頂瑜伽法門毗盧遮那大悲胎藏建立壇法》，並許含光、慧辯等同受五部灌頂。空自爾學無常師，廣求密藏及諸經論五百餘部，本三昧耶，諸尊密印儀形色像壇法幖幟，文義性相，無不盡源。一日，王作調象戲，人皆登高望之，無敢近者。空口誦手印，住於慈定，當衢而立，狂象數頭頓皆踢跌，舉國奇之。次遊五印度境，屢彰瑞應。

至天寶五載還京，進師子國王尸羅迷伽表，及金寶瓔珞、《般若》梵夾、雜珠白氎等，奉敕權止鴻臚。續詔入內立壇，為帝灌頂。後移居淨影寺。是歲終夏愆陽，詔令祈雨。制曰：時不得賒，雨不得暴。空奏立孔雀王壇，未盡三日，雨已浹洽。帝大悅，自持寶箱賜紫袈裟一副，親為披攝，仍賜絹二百匹。後因一日大風卒起，詔空禳止，請銀瓶一枚做法加持，須臾戢靜。忽因池

鵝誤觸瓶傾，其風又作急暴過前，敕令再止，隨止隨效。帝乃賜號曰智藏焉。天寶八載，許回本國，乘驛騎五匹，至南海郡，有敕再留。十二載，敕令赴河隴節度使哥舒翰所請。十三載，至武威，住開元寺。節度使泊賓從皆願受灌頂，士庶數千人咸登道場，弟子含光等亦受五部法。別為功德使開府李元琮受法，並授金剛界大曼荼羅。是日道場地震，空曰：「群心之至也。」十五載，詔還京，住大興善寺。至德初，鑾駕在靈武鳳翔，空常密奉表起居，肅宗亦密遣使者求秘密法。泊收京反正之日，事如所料。乾元中，帝請入內，建道場護摩法，為帝受轉輪王位七寶灌頂。上元末，帝不豫，空以《大隨求真言》祓除，至七過，翼日乃瘳，帝愈加殊禮焉。空表請入山，李輔國宣敕令於終南山智炬寺修功德。念誦之夕，感大樂薩埵舒毫髮光，以相證驗，位鄰悉地，空曰：「眾生未度，吾安自度耶。」

　　肅宗厭代，代宗即位，恩渥彌厚。譯《密嚴》、《仁王》二經畢，帝為序焉。頒行之日，慶雲俄現，舉朝表賀。永泰元年十一月一日，制授特進試鴻臚卿，加號大廣智三藏。大曆三年，於興善寺立道場，敕賜錦繡褥十二領、繡羅幡三十二首，又賜道場僧二七日齋糧。敕近侍大臣諸禁軍使併入灌頂。四年冬，空奏天下食堂中置文殊菩薩為上座，制許之，此蓋慊憍陳如是小乘教中始度故也。五年夏，有詔請空往五臺山修功德，於時彗星出焉。法事告終，星亦隨沒。秋，空至自五臺，帝以師子驄並御鞍轡遣中使出城迎入，賜沿道供帳。六年十月二日，帝誕節進所譯之經，表云：「爰自幼年，承事先師三藏十有四載，稟受瑜伽法門。復遊五印度，求所未授者，並諸經論，計五百餘部，天寶五載卻至上都。上皇詔入內立灌頂道場，所齎梵經盡許翻度。肅宗於內立護摩及灌頂法。累奉二聖，令鳩聚先代外國梵文，或條索脫落者修，未譯者譯。陛下恭遵遺旨，再使翻傳，利濟群品。起於天寶迄今大曆六年，凡一百二十餘卷，七十七部，並目錄及筆受等僧俗名字，兼略出念誦儀軌，寫畢，遇誕節。謹具進上。敕付中外，並編入《一切經目錄》中。李憲誠宣敕賜空錦綵絹八百匹，同翻經十大德各賜三十匹。沙門潛真表謝。僧俗弟子賜物有差。又以京師春夏不雨，詔空祈請，如三日內雨，是和尚法力，三日已往而需然者，非法力也。空受敕立壇，至第二日大雨雲足。帝賜紫羅衣並雜綵百匹，弟子衣七副，設千僧齋，以報功也。空進表請造文殊閣，敕允奏。貴妃、韓王、華陽公主同成之，舍內庫錢約三千萬計。復翻《蘗路荼王經》，宣賜相繼，旁午道路。至九年，自春抵夏，宣揚妙法，誠勖門人。每語及《普賢願行出生無

邊法門經》，勸令誦持，再三歎息。其先受法者，偏令屬意觀菩提心本尊大印，直詮阿字了法不生證大覺身，若指諸掌，重重囑累。一夜，命弟子趙遷：「持筆硯來，吾略出《涅槃茶毗儀軌》以貽後代，使准此送終。」遷稽首三請：「幸乞慈悲久住，不然眾生，何所依乎。」空笑而已。俄而示疾，上表告辭。敕使勞，問賜醫藥，加開府儀同三司，封肅國公，食邑三千戶，固讓不俞。空甚不悅，且曰：「聖眾儼如舒手相慰，白月圓滿，吾當逝矣。奈何臨終更竊名位。」乃以五股金剛鈴杵先師所傳者，並銀盤子、菩提子、水精數珠，留別附中使李憲誠進。六月十五日，香水澡沐，東首倚臥，北面瞻望闕庭，以大印身定中而寂，享年七十，僧臘五十。

弟子慧朗，次紹灌頂之位。余知法者數人。帝聞，輟視朝三日，賜絹布雜物錢四十萬，造塔錢二百餘萬。敕功德使李元琮知護喪事。空未終前，諸僧夢千仞寶臺摧，文殊新閣頹，金剛杵飛上天。又興善寺後池無故而涸，林竹生實，庭花變萎。七月六日茶毗，帝詔高品劉仙鶴就寺置祭，贈司空，諡曰大辯廣正智三藏。火滅，收舍利數百粒。八十粒進內。其頂骨不然，中有舍利一顆，半隱半現，敕於本院別起塔焉。

空之行化利物居多，於總持門最彰殊勝，測其忍位莫定高卑。始者玄宗尤推重焉，嘗因歲旱，敕空祈雨，空曰：「過某日可禱之，或強得之，其暴可怪。」敕請本師金剛智設壇，果風雨不止，坊市有漂溺者，樹木有拔僕者。遽詔空止之。空於寺庭中捊泥媼五六，溜水作梵言罵之，有頃開霽矣。玄宗召術士羅公遠，與空挏法，同在便殿。空時時反手搔背，羅曰：「借尊師如意。」時殿上有華石，空揮如意擊碎於其前，羅再三取如意不得，帝欲起取。空曰：「三郎勿起，此影耳。」乃舉手示羅，如意復完然在手。又北邙山有巨蛇，樵採者往往見之，矯首若丘陵，夜常承吸露氣。見空，人語曰：「弟子惡報，和尚如何見度？每欲翻河水陷洛陽城以快所懷也。」空為其受歸戒，說因果，且曰：「汝以嗔心故受，今那復恚恨乎，吾力何及，當思吾言，此身必捨矣。」後樵子見蛇死澗下，臭聞數里。空凡應詔祈雨，無他軌則，但設一繡座，手簸旋數寸木神子，念咒擲之。當其自立於座上，已伺其吻角，牙齗目瞬則雨至矣。又天寶中，西蕃、大石、康三國帥兵圍西涼府，詔空入，帝御於道場。空秉香鑪，誦《仁王密語》二七遍，帝見神兵可五百員在於殿庭，驚問空。空曰：「毗沙門天王子領兵救安西，請急設食發遣。」四月二十日果奏云：「二月十一日城東北三十許里，雲霧間見，神兵長偉，鼓角誼鳴，山地崩震，蕃部驚

潰。彼營壘中有鼠金色，咋弓弩弦皆絕。城北門樓有光明天王，怒視蕃帥大奔。」帝覽奏謝空，因敕諸道城樓置天王像，此其始也。空既終，三朝所賜墨製一皆進納。生榮死哀，西域傳法僧至此，今古少類矣。嗣其法位，慧朗師也，御史大夫嚴郢為碑，徐浩書之，樹於本院焉。

係曰：「傳教令輪者，東夏以金剛智為始祖，不空為二祖，慧朗為三祖，已下宗承所損益可知也。自後岐分派別。咸曰：「傳瑜伽大教，多則多矣，而少驗者何？」亦猶羽嘉生應龍，應龍生鳳皇，鳳皇已降，生庶鳥矣。欲無變革，其可得乎！

（據《宋高僧傳》卷一《譯經》）

唐洛京聖善寺善無畏

釋善無畏，本中印度人也，釋迦如來季父甘露飯王之後，梵名戍婆揭羅僧訶，華言淨師子。義翻為善無畏，一云輪波迦羅『此名無畏。亦義翻也……

開元四年丙辰，齎梵夾始屆長安，敕於興福寺南院安置。續宣住西明寺，問勞重疊，錫貺異常。至五年丁巳，奉詔於菩提院翻譯。畏奏請名僧同參華梵，開題，先譯《虛空藏求聞持法》一卷，沙門悉達譯語，無著筆受綴文，繕寫進內。帝深加賞歎，有敕畏所將到梵本並令進上。昔有沙門無行，西遊天竺，學畢言歸，方及北印，不幸而卒。其所獲夾葉悉在京都華嚴寺中，畏與一行禪師，於彼選得數本，並總持妙門，先所未譯。十二年隨駕入洛……

（據《宋高僧傳》卷一《譯經》）

唐玉華寺玄覺

釋玄覺，高昌國人也，西土種姓未得聞焉。學慕大乘，從玄奘三藏研核經論，亦於玉華宮參預翻譯。及《大般若經》向就，同請翻《寶積經》，奘辭愒然。覺因夢一浮圖莊嚴高大，忽然摧倒，遂驚起告奘。奘曰：「非汝身事。此吾滅之徵耳。」覺暗悲安仿，勸諸法侶競求醫藥，覺後莫測終焉。

（據《宋高僧傳》卷一《譯經》）

唐益州多寶寺道因

釋道因，姓侯氏，濮陽人也。稟祜居醇，含章縱哲，覃訏之歲，粹採多

奇，髫齔之辰，殊姿特茂。孝愛之節，慈順之風，率志於斯，因心以極。年甫七歲，丁於內艱，嗌粒絕漿，殆乎滅性。成人之德，見稱州里。免喪之後，思酬罔極，出家之志，人莫我移。便詣靈巖寺，求師誦習，曾不浹旬，通《涅槃經》二帙，舉眾驚駭，謂為神童。落髮已來，砥礪其行，揣摩義章，即講《涅槃》，宿齒名流，咸所歎服。及升上品，旋學律儀，又於彭城嵩法師所傳《攝大乘》……

追赴京邑，止大慈恩寺，與玄奘法師翻譯，校定梵本，兼充證義。奘師偏獎賞之，每有難文，同加參酌，新翻弗墜，因有力焉。慧日寺主楷法師者，聰爽溫贍，聲藹鴻都，首建法筵，請開奧義。帝城緇俗，具來諮稟，欣焉相顧，得所未聞。因研幾史籍，尤好老莊，咀其菁華，含其腴潤，包四始於風律，綜五聲於文緒，故所講訓，內外該通。其專業者，《涅槃》、《華嚴》、《大品》、《維摩》、《法華》、《楞伽》等經，《十地》、《地持》、《毗曇》、《智度》、《攝大乘》、《對法》、《佛地》等論，及《四分》等律。其《攝論》、《維摩》仍著章疏，已而能事畢矣，示疾終於長安慧日寺，則顯慶三年三月十一日也，春秋七十二。越明年正月，旋神座於益部，二月八日窆於彭門光化寺石經之側。道俗送葬數有數千，弟子玄凝等，嗣其香火。至龍朔中，中臺司藩大夫李儼製碑，歐陽通書焉。

（據《宋高僧傳》卷一《譯經》）

唐西京〔註204〕慧日寺無極高

釋無極高，中印度人，梵云阿地瞿多，華云無極高也。出家氏族未憑書之。高學窮滿字，行潔圓珠，精練五明，妙通三藏。永徽三年壬子歲正月，自西印度齎梵夾來屆長安，敕令慈門寺安置。沙門大乘琮等十六人、英公李世績、鄂公尉遲德等十二人，同請高於慧日寺浮圖院建陀羅尼普集會壇，所須供辦。法成之日，屢現靈異，京中道俗，咸歎希逢。沙門玄楷等固請翻其法本。以四年癸丑至於五年，於慧日寺從《金剛大道場經》中撮要而譯，集成一部，名《陀羅尼集經》，一十二卷，玄楷筆受。

（據《宋高僧傳》卷一《譯經》）

〔註204〕即長安。

唐洛京大遍空寺實叉難陀

釋實叉難陀，一云施乞叉難陀，華言學喜，蔥嶺北于闐人也。智度恢曠，風格不群，善大小乘，旁通異學……

景龍二年，達於京輦，帝屈萬乘之尊，親迎於開遠門外。傾都緇侶，備幡幢導引。仍飾青象，令乘之入城，敕於大薦福寺安置。未遑翻譯，遘疾彌留，以景雲元年十月十二日，右脅累足而終，春秋五十九歲。有詔聽依外國法葬。十一月十二日於開遠門外古然燈檯焚之，薪盡火滅，其舌猶存。十二月二十三日，門人悲智、敕使哥舒道元，送其餘骸及斯靈舌還歸于闐，起塔供養。後人復於荼毗之所，起七層塔，土俗號為華嚴三藏塔焉。

（據《宋高僧傳》卷一《譯經》）

周西京廣福寺日照

釋地婆訶羅，華言日照，中印度人也。洞明八藏，博曉五明，戒行高奇，學業勤悴，而咒術尤工。以天皇時來遊此國，儀鳳四年五月表，請翻度所齎經夾，仍準玄奘例，於一大寺別院安置，並大德三五人同譯。至天后垂拱末，於兩京東西太原寺（西太原寺後改西崇福寺。東太原寺後改大福先寺），及西京廣福寺，譯《大乘顯識經》、《大乘五蘊論》等凡一十八部，沙門戰陀般若提婆譯語，沙門慧智證梵語。敕諸名德助其法化，沙門道成、薄塵、嘉尚、圓測、靈辯、明恂、懷度、證義，沙門思玄、復禮綴文筆受，天后親敷睿藻，製序冠首焉。照嘗與覺護同翻佛頂，深體唐言，善傳佛意。每進新經，錫賚豐厚。後終於翻經小房，享年七十五。天后敕葬於洛陽龍門香山，塔見存焉。

（據《宋高僧傳》卷二《譯經》）

唐京師奉恩寺智嚴

釋智嚴，姓尉遲氏，本于闐國質子也，名樂。受性聰利，隸鴻臚寺，授左領軍衛大將軍上柱國，封金滿郡公，而深患塵勞，唯思脫屣。神龍二年五月，奏乞以所居宅為寺，敕允，題牓曰奉恩是也。相次乞捨官入道，十一月二十四日墨製聽許。景龍元年十一月五日，孝和帝誕節剃染。尋奉敕於此寺，翻經多證梵文，諸經成部，嚴有力焉。嚴重譯出《生無邊法門陀羅尼

經》。後於石鱉谷行頭陀法，又充終南山至相寺上座，體道用和，率從清謹。不知其終。

（據《宋高僧傳》卷三《譯經》）

唐京師總持寺智通

釋智通，姓趙氏，本陝州安邑人也。隋大業中出家受具，後隸名總持寺。律行精明，經論該博。自幼挺秀，即有遊方之志，因往洛京翻經館學梵書並語，曉然明解。屬貞觀中，有北天竺僧齎到《千臂千眼經》梵本，太宗敕搜天下僧中學解者充翻經館綴文、筆受、證義等。通應其選，與梵僧對，譯成二卷。天皇永徽四年，復於本寺出千《囀陀羅尼觀世音菩薩咒》一卷，《觀自在菩薩隨心咒》一卷，《清淨觀世音菩薩陀羅尼》一卷，共四部五卷。通善其梵字，復究華言，敵對相翻，時皆推伏。又云：「行瑜伽祕密教，大有感通。」後不知所終。

（據《宋高僧傳》卷三《譯經》）

唐洛京長壽寺菩提流志

釋菩提流志，南天竺國人也，淨行婆羅門種，姓迦葉氏。年十二，就外道出家，事波羅奢羅，學《聲明》、《僧佉》等論。曆數、咒術、陰陽、讖緯，靡不該通。年逾耳順，方乃迴心，知外法之乖違，悟釋門之淵默，隱居山谷，積習頭陀。初依耶舍瞿沙三藏學諸經論，其後遊歷五天，遍親講肆。高宗大帝聞其遠譽，挹彼高風，永淳二年，遣使迎接。天后復加鄭重，令住東洛福先寺，譯《佛境界》、《寶雨》、《華嚴》等經，凡十一部。中宗神龍二年，又住京兆崇福寺譯《大寶積經》……

（據《宋高僧傳》卷三《譯經》）

唐京兆慈恩寺寂默

釋牟尼室利，華言寂默。其為人也，神宇高爽，量度真率。德宗貞元九年，發那爛陀寺，擁錫東來。自言從北印度往此寺，出家受戒學法焉。十六年，至長安興善寺。十九年，徙崇福醴泉寺。復於慈恩寺請行翻譯事，乃將奘師梵本，出守《護國界主陀羅尼經》十卷，又進《六塵獸圖》。帝悅，檀施極

—321—

多。元和元年六月十九日卒於慈恩寺。

初默說中天竺摩伽陀國那爛陀寺周圍四十八里，九寺一門，是九天王所造。默在寺日，住者萬餘，以大法師處量綱任，西域伽藍無如其高廣矣。案《守護國界主經》是般若譯，牟尼證梵本，翰林待詔光宅寺智真譯語，圓照筆受，鑒虛潤文，澄觀證義焉。

（據《宋高僧傳》卷三《譯經》）

唐蓮華

釋蓮華，本中印度人也。以興元元年杖錫謁德宗，乞鐘一口歸天竺聲擊……

至十二年六月，詔於崇福寺翻譯，罽賓沙門般若宣梵文，洛京天宮寺廣濟譯語，西明寺圓照筆受，智柔智通綴文，成都府正覺寺道恒、鑒虛潤文，千福寺大通證義，澄觀、靈邃詳定，神策軍護軍中尉霍仙鳴、左街功德使竇文場寫進，十四年二月解座。

（據《宋高僧傳》卷三《譯經》）

唐大聖千福寺飛錫

釋飛錫，未知何許人也。神氣高邈，識量過人。初學律儀。後於天台法門一心三觀，與沙門楚金棲心研習。天寶初遊於京闕，多止終南紫閣峰草堂寺。屬不空當途傳譯，慎選英髦，錫預其數，頻登筆受，潤文之任。代宗永泰元年四月十五日，奉詔於大明宮內道場同義學沙門良賁等十六人，參譯《仁王護國般若經並密嚴經》。先在多羅葉時，並是偈頌，今所譯者，多作散文。不空與錫等及翰林學士柳抗重更詳定，錫充證義正員，辭筆不愧斯職也。

繫曰：錫外研儒墨，其筆仍長，時多請其論撰，如忠國師、楚金等碑，與晉陵德宣、吳興晝公同獵廣原，不知鹿死何人之手。然宣、錫二公亦有不羈之失，緣飾過其實。如晝公合建中之體，儗事得其倫。唯虛與實，不可同日也。

（據《宋高僧傳》卷三《譯經》）

唐京師大安國寺子鄰

釋子鄰，姓范氏，兗州乾封大范村人也。父峻朝，不喜三寶，或見桑門，

必加咄唾，有問其故，即欲驅焉。鄰生已數歲，小字鄰兒，見著袈裟者，則生慕羨之意。開元初，東都廣愛寺慶修律師遊於代宗，經范氏之舍。鄰一見之，喜貫顏色，拜求出家。問曰：「父母云何？」對曰：「不令堂親知，知則遭棰撻矣。師但先去，某乃影隨。」律師行五里間，鄰已至矣。及洛寺，受教之易，若甘之受和焉。染削已，或名志鄰。至十一年，忽思二親，辭歸寧覲。其父喪明，母終已三載矣。因詣嶽廟，求知母之幽趣，即敷坐具，誦《法華經》，誓見天齊王為期。其夜，嶽神果召鄰，問：「何故懇苦如是。」鄰曰：「母王氏亡來已經除服，敢問大王，母今何在？」王顧簿吏，對曰：「王氏見繫獄受苦。」鄰曰：「我母何罪？」王曰：「生和尚時食雞卵，又取白傅頭瘡，坐是之故，職汝之由。」鄰悲號委頓，求王請免，曰：「縶縻有分，放釋無門，然則為法師計，請往鄮山禮阿育王塔，或可原也。」鄰詰朝遵途，到句章山寺，叩頭哀訴，五輪著地，禮畢投策至四萬數，俄聞有呼鄰聲，若蔡順之解，望空見雲氣中，母謝曰：「承汝之力，得生忉利天矣，故來報汝。」倏然不見。

鄰後求解經論，至於關輔間，外學兼通，美聲籍甚。以名僧之選，恒入肅宗內殿應奉，高其舌端，精於捷對，御前口占，敘述皇道，時輩靡及。敕賜紫方袍，充供奉僧。代宗即位，更崇釋氏。永泰中，不空重譯《仁王護國》、《密嚴》等經，鄰與千福寺法崇、西明寺慧靜、保壽寺圓寂分職證義，並良賁潤文。鄰莫測其終。先所禮塔今鄮山育王寺後峰之翠微，茅庵基及井存焉。井實方池，其水碧色，綠苔泛泛，然辭人遊者，詩詠絕多矣。

（據《宋高僧傳》卷三《譯經》）

唐醴泉寺般若

釋般若，罽賓國人也。貌質魁梧，執戒嚴整。在京師，充義學沙門。憲宗敦崇佛門，深思翻譯，奈何有事於蜀部，劉闢阻命，王承宗未平，朝廷多故。至元和五年庚寅，詔工部侍郎歸登、孟簡、劉伯芻、蕭俛等，就醴泉寺譯出經八卷，號《本生心地觀》，此之梵夾乃高宗朝師子國所進者，寫畢進上。帝覽有敕：朕願為序。尋頒下其文，冠於經首，三藏賜帛，證義諸沙門錫賚有差。先於貞元中，譯《華嚴經》後分四十卷，此蓋烏荼國王所進者，於時而賜紫衣。後大中中，法寶大師玄暢奏請入藏焉。

（據《宋高僧傳》卷三《譯經》）

唐京師滿月

釋滿月者，西域人也。爰來震旦，務在翻傳。瑜伽法門一皆貫練，既多神效，眾所推欽。開成中，進梵夾，遇偽甘露事去未旋踵，朝廷無復記綱，不暇翻譯。時悟達國師知玄好學聲明，禮月為師，情相款密，指教梵字並音字之緣界，悉曇八轉，深得幽趣。玄曰：「異哉，吾體兩方之言，願參象胥之末，可乎？」因請翻諸禁咒，乃與菩薩嚩曰羅金剛悉地等，重譯出《陀羅尼集》四卷，又《佛為毗戍陀天子說尊勝經》一卷，詳覈三復，曲盡佛意。此土先已有《陀羅尼集》十二卷，新翻四卷，未聞入藏。月等俱不測其終。

（據《宋高僧傳》卷三《譯經》）

唐京兆大慈恩寺普光

釋普光，未知何許人也。明敏為性，爰擇其木，請事三藏奘師。勤恪之心，同列靡及。至於智解，可譬循環，聞少證多，奘師默許。末參傳譯，頭角特高，左右三藏之美，光有功焉。

初奘嫌古翻俱舍，義多缺然，躬得梵本再譯真文，乃密授光多是記憶西印薩婆多師口義。光因著疏解判。一云其疏至圓暉略之為十卷，如漢之有㵎歟。

又嘗隨奘往玉華宮譯《大般若經》，厥功出乎褘贊也，時號大乘光。觀夫奘自貞觀十九年創譯記，麟德元年終於玉華宮，凡二十載，總出大小乘經律論七十五部，一千三百三十五卷，十分七八是光筆受，或謂嘉光、普光也。若驗從辯機同參譯務，即普光是也。

（據《宋高僧傳》卷四《義解》）

唐京兆大慈恩寺法寶

釋法寶，亦三藏奘師學法之神足也，性靈敏利，最所先焉。奘初譯《婆沙論》畢，寶有疑情，以非想見惑，請益之。奘別以十六字入乎論中，以遮難辭。寶白奘曰：「此二句四句為梵本有無？」奘曰：「吾以義意酌情作耳。」寶曰：「師豈宜以凡語增加聖言量乎。」奘曰：「斯言不行，我知之矣。」自此怏然頡頏於奘之門，至乎六離合釋義，俱舍宗以寶為定量矣。光師往往同迦濕彌羅余師禮記衍字也。時光、寶二法師若什門之融、睿焉。後越精義學，令問孔膠。長安三年於福先寺、京西明寺，預義淨譯場，寶與法藏勝莊等證義，於

時頗露頭角，莫之與京歟。

（據《宋高僧傳》卷四《義解》）

唐京師西明寺圓測

釋圓測者，未詳氏族也。自幼明敏，慧解縱橫。三藏奘師為慈恩基師，講新翻《唯識論》，測賂守門者隱聽，歸則緝綴義章。將欲罷講，測於西明寺鳴鐘召眾，稱講《唯識》。基慊其有奪人之心，遂讓測講訓。奘講《瑜伽》，還同前盜聽受之，而亦不後基也。詒高宗之末，天后之初，應義解之選，入譯經館，眾皆推挹。及翻《大乘顯識》等經，測充證義，與薄塵、靈辯、嘉尚攸方其駕，所著《唯識疏鈔》，詳解經論，天下分行焉。

（據《宋高僧傳》卷四《義解》）

唐京師安國寺元康

釋元康，不詳姓氏。貞觀中游學京邑，有彭亨之譽。形擁腫而短，然其性情酋勇，聞少解多，群輩推許。先居山野恒務持誦《觀音》，求加慧解，遂感鹿一首角分八岐，厥形絕異。康見之，撫而馴伏，遂豢養之，乘而致遠，曾無倦色。以三論之文荷之於背，又以小軸繫之於尾，曳入上都，意為戲弄，說：有之徒不達空性，我與輕軸碾之，令悟真理。又衣大布，曳納播，戴竹笠，笠寬丈有二尺。裝飾詭異，人皆駭觀。既入京城，見一法師盛集講經化導。康造其筵，近其座，便就所講義申問，往返數百言，人咸驚康之辯給如此。復戲法師曰：「甘桃不結實，苦李壓低枝。」講者曰：「輪王千個子，巷伯勿孫兒。」蓋譏康之無生徒也。康曰：「丹之藏者赤，漆之藏者黑，隨汝之赤者非繡絳焉，入汝之黑者非鉛墨焉。」舉眾皆云：「辭理渙然，可非垂跡之大士也。」帝聞之，喜曰：「何代無其人。」詔入安國寺講此《三論》。遂造疏，解中觀之理。別撰《玄樞》兩卷，總明《中、百門》之宗旨焉。後不測其終。

（據《宋高僧傳》卷四《義解》）

唐簡州福聚寺靖邁

釋靖邁，梓潼人也。少孺矜持，長高志操，特於經論研核造微。氣性沉厚，不妄交結，遊必擇方，抵於京輔。貞觀中，屬玄奘西回，敕奉為太穆太后

於京造廣福寺，就彼翻譯。所須吏力，悉與玄齡商量，務令優給。遂召證義大德諳練大小乘經論為時所尊尚者，得一十一人，邁預其精選，即居慈恩寺也。同普光寺棲玄、廣福寺明濬、會昌寺辯機、終南山豐德寺道宣，同執筆綴文，翻譯《本事經》七卷。邁後與神昉筆受於玉華宮及慈恩寺翻經院，皆推適變，故得經心矣。後著《譯經圖紀》四卷，銓序古今經目、譯人名位、單譯、重翻、疑偽等科，一皆條理，見編於藏。開元中，智升又續其題目焉。

（據《宋高僧傳》卷四《義解》）

唐京兆大慈恩寺嘉尚

釋嘉尚，未知何許人也。慧性天資，瑰奇氣質，篇聚堅守，性相剋攻，勤在進修，務於翻譯。遠棲心於奘三藏門，見宗廟之富，窺室家之好。久稽考《瑜伽師地》、《佛地論旨》、《成唯識論》，深得義趣。隨奘於玉華宮譯《大般若經》，充證義綴文，多能傑出。及三藏有疾，命尚具錄所翻經論合七十五部，總一千三百三十五卷，又錄俱胝畫像一千幀，造十俱胝像，寫經放生然燈，令尚宣讀。奘合掌歡喜曰：「吾心中願也，汝代導之，得沒而無悔焉。」奘卒。著述疏鈔出雜集，義門夥多。天后朝同薄塵、靈辯等，預譯場證義，功績愈繁。

尚初侍奘師在玉華宮翻經，至初會《嚴淨佛土品》，說諸佛菩薩以神通願力盛大千界上妙珍寶諸妙香花及意樂所生五塵妙境供養莊嚴說法處，與寺主慧德夜睹玉華寺內廣博嚴淨伎樂盈滿。又聞三堂講法。明日白奘，歡喜符合。尚不知所終。

（據《宋高僧傳》卷四《義解》）

唐京兆大慈恩寺彥悰

釋彥悰，未知何許人也。貞觀之末，觀光上京，求法於三藏法師之門。然其才不迨光、寶，遍長綴習學耳。於玄儒之業，頗見精微。辭筆之能，殊超流輩。有魏國西寺沙門慧立性氣怘然，以護法為己任，著傳五卷，專記三藏自貞觀中一行盛化及西域所歷夷險等，號《慈恩傳》，蓋取寺題也。及削嵩云畢，慮遺諸美，遂藏於地穴。至疾亟，命門徒掘土出之而卒。其本數年流散他所，搜購乃獲。弟子等命悰排次之，序引之，或文未允，或事稍虧，重更伸明，曰箋述是也。乃象鄭司農箋毛之詁訓也。或有調之曰：「子與隋彥悰相去幾何。」對曰：「賜也何敢望回，雖長卿慕藺，心宗慕於玉宗，故有以也。詩

曰：言念君子，溫其如玉。自許亦顏之士也。」或人許焉。惊不知終所。

（據《宋高僧傳》卷四《義解》）

唐京兆大慈恩寺義忠

釋義忠，姓尹氏，潞府襄垣人也。年始九歲，宿殖之性，志願出家，得淄州沼闍梨為師，若鳳巢中之生鶵雛也。少秉奇操，慧解不倫。沼授與《大涅槃經》，時十三歲矣。相次誦徹四十卷。眾皆驚駭。號空門奇童也。二十登戒。學《四分律》，義理淹通。旁習《十二門論》二本，即當講演。沼師知是千里之駿，學恐失時，聞長安基師新造疏章，門生填委，聲振天下。乃師資相將同就基之講肆，未極五年，又通二經五論，則《法華》、《無垢稱》及《百法》、《因明》、《俱舍》、《成唯識》、《唯識道》等也。由茲開獎，弟子繁多，講樹別茂於枝修，義門旁開於關竅，乃著《成唯識論纂要》、《成唯識論鈔》三十卷，《法華經鈔》二十卷，《無垢稱經鈔》二十卷。《百法論疏》最為要當，移解二無我歸後，是以掩慈恩之繁，於今盛行勿過忠本。所謂列群玉，貫眾花，王裝瓊樹之林，花綴蜀機之錦，輩流首伏，聲彩悠揚。況基師正照於太陽，忠也旁衛於龍燭，四方美譽千里歸心者，不可勝算矣。傳持靡怠，僅五十餘年，計講諸教七十許遍。

至年七十二，忽起懷土之心，歸於昭義，示同初夏誦戒行道，每一坐時，面向西北，仰視兜率天宮，冥心內院，願捨壽時得見天主，永離凡濁，終得轉依。一日，晨興澡洗訖，整肅容儀，望空禮拜，如有哀告之狀。少頃，結加趺坐，囑付流通教法之意畢，忽異香滿室，彩雲垂空。忠合掌仰視曰：「穢弱比丘，何煩大聖躬來引接？」言盡而化。鄉人道俗建塔供養，全身不壞，至今河東鄉里高岡存焉。

（據《宋高僧傳》卷四《義解》）

周京兆廣福寺會隱

釋會隱，不詳何許人也。精明之氣，綽有盈餘，處於等夷，若雞群之見鶴也。天皇朝慎選高學名德，隱膺斯選。麟德二年敕北門西龍門修書所，同與西明寺玄則等一十人於一切經中略出精義玄文三十卷，號《禪林要鈔》，書成奏呈，敕藏秘閣。隱亦嘗預翻譯，玄則頗聞著述，高宗朝斯為龍象之最焉。

（據《宋高僧傳》卷四《義解》）

周洛京佛授記寺法藏

釋法藏，字賢首，姓康，康居人也。風度奇正，利智絕倫。薄遊長安，彌露鋒穎，尋應名僧，義學之選。屬奘師譯經。始預其間。後因筆受、證義、潤文、見識不同，而出譯場……

（據《宋高僧傳》卷五《義解》）

唐荊州玉泉寺恒景

釋恒景，姓文氏，當陽人也。貞觀二十二年敕度，聽習三藏，一聞能誦，如說而行。初就文綱律師隸業毗尼，後入覆舟山玉泉寺，追智者禪師習《止觀門》。於寺之南十里別立精舍，號龍興是也。自天后、中宗朝，三被詔入內供養為受戒師。以景龍三年奏乞歸山……

（據《宋高僧傳》卷五《義解》）

唐中嶽嵩陽寺一行

釋一行，俗姓張，鉅鹿人也，本名遂則，唐初佐命剡國公公謹之支孫也。卌歲不群，聰黠明利，有老成之風。讀書不再覽，已暗誦矣。因遇普寂禪師大行禪要，歸心者眾，乃悟世幻，禮寂為師，出家剃染。所誦經法，無不精諷……

玄宗聞之，詔入，謂行曰：「師有何能？」對曰：「略能記覽，他無所長。」帝遂命中官取宮籍以示之，行周覽方畢，覆其本，記念精熟，如素所習。唱數幅後。帝不覺降榻稽首曰：「師實聖人也。」嗟歎良久。尋乃詔對無恒，占其災福，若指於掌，言多補益。

時邢和璞者，道術人。莫窺其際，嘗謂尹愔曰：「一行和尚真聖人也。漢洛下閎造歷云：八百歲當差一日：則有聖人定之，今年期畢矣。屬《大衍曆》出，正其差謬，則洛下閎之言可信，非聖人孰能預於斯矣。」又於金剛三藏學陀羅尼秘印，登前佛壇受法王寶，復同無畏三藏譯《毗盧遮那佛經》，開後佛國，其傳密藏必抵淵府也。睿宗、玄宗並請入內集賢院，尋詔住興唐寺。所翻之經遂著疏七卷，又《攝調伏藏》六十卷，《釋氏系錄》一卷，《開元大衍曆》五十二卷，其歷編入《唐書·曆律志》，以為不刊之典。又造遊儀、黃赤二道以鐵成規，於院製作。

次有王姥者，行鄰里之老嫗，昔多贍行之貧，及行顯遇，常思報之。一日拜謁云：「兒子殺人，即就誅矣。況師帝王雅重，乞奏滅死，以供母之殘齡。」

如是泣涕者數四，行曰：「國家刑憲，豈有論請而得免耶。」命侍僧給與若干錢物，任去別圖。媼戟手曼罵曰：「我居鄰周給迭互，襁褓間抱乳汝，長成何忘此惠耶。」行心慈愛，終夕不樂。於是運算，畢召淨人戒之曰：「汝曹挈布囊於某坊閒靜地，午時坐伺，得生類投囊，速歸。」明日果有貙虒引豚七個，淨人分頭驅逐貙，母走矣，得豚而歸。行已備巨甕，逐一入之，閉蓋，以六乙泥封口，誦胡語數契而止。投明，中官下詔入問云：「司天監奏：昨夜北斗七座星全不見，何耶？」對曰：「昔後魏曾失熒惑星，至今帝車不見，此則天將大徵於陛下也。夫匹夫匹婦不得其所，猶隕霜天旱，盛德所感，乃能退之。感之切者，其在葬枯骨乎，釋門以慈心降一切魔，微僧曲見莫若大赦天下。」玄宗依之。其夜占奏，北斗一星見，七夜復初，其術不可測也。又開元中嘗旱甚，帝令祈雨，曰：「當得一器上有龍狀者，方可致雨。」敕令中官同於內庫中遍視之，皆言弗類。數日後，指一古鑒鼻盤龍，喜曰：「此真龍也。」乃將入壇場，一日而雨，其異術通感為若此也。

玄宗在大明宮，從容密問社稷吉凶並祚運終畢事，行對以他語。帝詢之不已，遂曰：「陛下當有萬里之行。」又曰：「社稷畢得終吉。」帝大悅。復遺帝一金合子，形若彈丸，內貯物，撼必有聲，發之不得，云：有急則開。帝幸蜀，倉黃都忘斯事，及到成都，忽憶啟之，則藥分中當歸也。帝曰：「伊藥產於此，師知朕違難至蜀當歸也。」復見萬里橋，曰：「一行之言，信其神矣。」命中官焚香祝之，乃告謝也。及昭宗初封吉王，至太子德王，唐為梁滅，終行之言：社稷畢得終吉也。

開元十五年九月於華嚴寺疾篤，將輿病入辭，小間而止。玄宗此夜夢瞰禪居，見繩床紙隔開扇，曉而驗，一如所睹。乃詔京城名德致大道場，為行祈福，危疾微愈。其寵愛如是。十月八日隨駕幸新豐，身無諸患，口無一言，忽然浴香水換衣，趺坐正念，怡然示滅。一云：辭告玄宗後，自駕前東來嵩山謁禮本師，即寂也。時河南尹裴寬正謁寂，寂云：「有少事，未暇與大尹款話，且請踟躕休息也。」寬乃屏從，人止於旁室，伺寂何為。見潔淨正堂，焚香默坐，如有所待。斯須，叩門連聲云：「天師一行和尚至（僧號天師始見於此。言天子師也）。」行入，頗匆切之狀，禮寂之足，附耳密語，其貌愈恭。寂但頷應曰：「無不可者。」語訖又禮，禮語者三，寂唯言：「是是，無不可者。」行語訖，降階入南室，自閉其戶。寂乃徐召侍者曰：「速聲鐘，一行已滅度。」左右疾走視之，瞑目而坐，手掩伺息，已絕。四眾弟子悲號沸渭，撼動山谷，

乃停神於岡極寺。自終及葬，凡經二七日，爪甲不變，髭髮更長，形色怡悅，時眾驚異。帝覽奏悲愴曰：「禪師捨朕，深用哀慕。」喪事官供，詔葬於銅人原，諡曰大慧禪師。御撰塔銘，天下釋子榮之。

（據《宋高僧傳》卷五《義解》）

唐京兆西崇福寺智升

釋智升，未祥何許人也。義理懸通，二乘俱學，然於毗尼，尤善其宗。此外文性愈高，博達今古，每慊聶道真、道安，至於明佺、宣律師各著《大藏目錄》，記其翻傳年代人物者，謂之《晉錄》、《魏漢》等錄，乃於開元十八年歲次庚午，撰《開元釋教錄》二十卷，最為精要。何耶！諸師於同本、異出舊目新名，多惑其文，真偽相亂。或一經為兩本，或支品作別翻，一一裁量，少無過者。如其舊錄江泌女子誦出經，黜而不留，可謂藻鑒。杜塞妖偽之源，有茲獨斷。後之圓照《貞元錄》也。文體意宗，相岠不知幾百數里哉。麟德中道宣出《內典錄》十卷，靖邁出《圖紀》四卷，升各續一卷。經法之譜，無出升之右矣。

（據《宋高僧傳》卷五《義解》）

唐中大雲寺圓暉

釋圓暉，未詳何許人也。關輔之間，聲名籍甚，精研性相，善達諸宗。幼於《俱舍》一門，最為銳意。時禮部侍郎賈曾歸心釋氏，好樂斯文，多命暉談此宗相，然其難者則非想，惑繁者則得非得章。爰請暉師略伸梗概，究其光師疏義繁極難尋。

又聖善寺懷遠律師願心相合，因節略古疏，頌則再牒，而《釋論》乃有引而具注，甚為徑捷，學者易知。

（據《宋高僧傳》卷五《義解》）

唐京兆華嚴寺玄逸

釋玄逸，姓竇氏，即玄宗神武皇帝從外父也。繁柯懿葉，莫我與京，昆友侄弟，多升朝列，或以靡麗自持，或以官榮相抗。逸乃風神秀朗，蕭灑拔俗，悟色空之跡，到真寂之場，糠秕膏粱，幺麼軒冕。既而形廁緇伍，學追上

流，秘藏香龕，披閱通理。一日，喟然興歎曰：「去聖日遠，編簡倒錯，或止存夏五，或濫在魯魚，加以筆剳偷行，校讎喪句。若犍度失其夾葉，猶《禮記》脫錯後先，日見乖訛，迷而不復，有一於此，彝倫攸斁。」遂據古今所撰目錄，及勘諸經，披文已浩於几案，積卷仍溢於堂宇。字舛者詳義而綸之，品差者賾理而綱之。星霜累遷，功業克著。非夫心斷金石，志堅冰蘗者，曷登此哉！既綜結其科目，諒條而不紊也，都為三十卷，號《釋教廣品歷章》焉。考其大小乘經律論，並東西土賢聖集，共一千八十部，以蒲州、共城二邑紙書，校知多少，縛定品次，俾後世無悶焉。其章頗成倫要，備預不虞，古之善制。有樂陵尹靈琛為序。逸後不知所終。

（據《宋高僧傳》卷五《義解》）

唐京師安國寺良賁

釋良賁，姓郭氏，河中虞鄉人也。世襲冠裳，法門之流，不標祖禰，故闕如也。賁識鑒淵曠，風表峻越，外通墳典，內善經論，義解之性，人罕加焉。

永泰中不空盛行傳譯，實難其人，賁預其翻度。代宗請為菩薩戒師。因新出《仁王護國經》，敕令撰疏解判，曲盡經意，以所住寺為疏目，曰青龍也。原夫是經，已當三譯，一晉泰始三年，法護譯一卷，名《仁王般若》；次秦羅什出，名《仁王護國般若波羅蜜》；次梁承聖三年，真諦於洪州寶因寺譯，名《仁王般若》，並疏六卷。然則晉本初翻，方言尚隔。梁朝所譯，隱而不行，偽秦之經，傳流宇內。奈何止言波羅蜜而闕多字，則是虧其到義。是以肅宗皇帝齋心沐德，請不空重譯。及肅皇晏駕，代宗成先聖之願言，詔興譯務，敕軍容使魚朝恩監護於南桃園，起乎告朔，終乎望日，帝御承明殿灌頂道場，躬執舊經對譯新本，而復為序冠於經首，仍敕賁造疏通經。賁上表曰：「學孤先哲，有玷清流，叨接翻傳，謬膺筆受，幸揚天闕，親奉德音，令於大明宮南桃園修疏贊演，宸光曲照，不容避席。窮玄珠於貝葉，但益慚惶，捧白璧於丹墀，寧勝報效。仰酬皇澤，俯課忠勤，既竭愚誠，庶昭玄造。」賁勤勤筆削，三卷克成，奏乞流行。復上箋疏：「今年二月二十一日恩命令在內園修撰經疏，微僧寡學，懼不稱旨。洗心滌慮，扣寂求音，發明起自於天言，加被仰憑於佛力，咸約經論，演暢真宗，亦猶集群玉於崑山，納大川於溟海。火生於木，與兩曜而俱明；識轉於如，體一相而等照。成道者法也，載法者經也，釋經者疏

也，廣度群有同於大通，是菩提心如陛下意。所撰經疏，繕寫畢功，文過萬言，部有三卷。施行竊慚於愚見，裁成冀答於聖恩。並《念誦儀軌》一卷，《承明殿講密嚴經對御記》一卷同進上。輕塵玄覽，只畏無任。」答詔云：「法師智炬高明，辭峰迥秀，親憑梵夾，宣闡微言，幽賾真宗，演成章疏。開如來之秘藏，示群有之迷津，貫玉聯珠，鉤深致遠。再三披閱，頗謂精詳。傳之招提，永為法寶也。」皇命褒揚，釋門翕盛。又屬章信寺初成報疏，服膺者常數百眾，雖紙貴如玉，無以加焉。其在安國寺講筵，官供不匱。數年之內，歸學如林。大曆七年正月，不空奏請入《目錄》，敕依。

　　賁於六年徙居集州，教授傳經，不遑寧處。至十二年三月十日，無疾枕肱，終於符陽，春秋六十一，夏臘二十九。宕渠嘉川之人，哀悼法梁摧折，闍維收灰中舍利百餘粒。遺表中進《念誦儀對御記》二卷，以其先進者遂留在內中之故，令門弟子齎之重進。後於上都城東置墳塔焉，即大曆十三年也。賁累朝供奉應制，辭辯富贍，學問高深。末塗淪躓，同利涉之徒移，若神會之流外，籲哉！

（據《宋高僧傳》卷五《義解》）

唐京師興善寺潛真

　　釋潛真，字義璋，姓王氏，太原華族，後徙為夏州朔方崇道鄉人也。考珍，真即仲子也。年在學數，業尚典墳。幼好佛書，抑從天性，甫及弱冠，投跡空門。開元二十六年隸名於本城靈覺寺，明年納具戒。自此聽習律乘，涉遊論海，凡曰講筵，無不探賾。

　　屬代宗朝，新譯《文殊師利菩薩佛剎莊嚴經》，敕真造疏，奏云：「此經凡有三譯，一西晉太熙中，法護翻，名《佛土嚴淨經》，文勢多古，語簡理幽；二天后久視中，實叉難陀於清禪寺翻，名《文殊受記經》；三即今大曆六年所譯也。伏惟寶應元聖文武皇帝陛下，天垂帝錄，人歸寶圖，德厚乾坤，明侔日月，仁恕滋物，夷狄仰德，而輸誠慈惠，利生正教，承風而演化。頃者鄜坊節度使兼御史中丞杜冕奏為國請諸大乘經，明詔下於祇園，梵旨開於貝葉，因請三藏不空譯此經等數十部。續有敕下，天下梵宇各置文殊菩薩像，以旌聖功也。又詔以文殊菩薩為上座，皆三藏所請。三藏學究瑜伽，解窮法印，身口意業，秘密修持，戒定慧學，顯通宣暢，唐梵文字，聲韻具知。傳譯此經，善符聖旨，文質相兼，璨然可觀。潛真識智愚昧，學藝庸淺，幸陪清眾，謬在翻

傳，虛空藏經，課虛潤色，猥蒙驅策，述疏讚揚，雖文義荒蕪，已傳京邑。今之所作，蓋有由焉。有金閣寺大德道超禪師，學盡法源，行契心本，親睹靈境，密承聖慈，故久在清涼，屬興淨業，仍於現處建窣堵波。尋觀法緣，來詣京國。以此經為大事，以大聖為本師，顯揚聖德，無過此者。乃稽首三藏，誓傳大聖法門，不以潛真庸虛，轉祈和尚，邀令述作。和尚不念前之鄙陋，又令讚釋此經。竊恐難契真詮，敢不盡其愚訥。」即大曆八年十一月，疏成奏過。真學通內外，性相融明，考覆幽玄，研精教理，探賾今古，比校親疏，分別異同，歸於一義。辯猶泉湧，思入虛凝，直筆而書記於絕唱，結成三卷，以作準繩，現在未來，永無疑網矣。又述《菩提心義發》、《菩提心戒》各一卷，《三聚淨戒》及《十善法戒》共一卷。兼稟承不空秘教，入曼拏羅登灌頂壇受成佛印。顯密二教，皆聞博贍。關內河東，代歷四朝，闡揚妙旨，弟子繁多。加復綱紀興善、保壽二處伽藍，懲勸僧尼，真有力也。以貞幹四年戊辰五月十四日遺誡門人，以疾而臥。二十一日，右脅累足，口誦彌陀佛號，終於興善寺本院，春秋七十一，僧夏四十九云。

（據《宋高僧傳》卷五《義解》）

唐代州五臺山清涼寺澄觀

釋澄觀，姓夏侯氏，越州山陰人也。年甫十一依寶林寺（今應天山）霈禪師出家，誦《法華經》。十四遇恩得度，便隸此寺……

德宗降中使李輔光宣詔入都，與罽賓三藏般若譯烏荼國王所進《華嚴》，後分四十卷。觀苦辭，請明年入，敕允。及具行，至蒲津，中令梁公留安居，遂於中條山棲岩寺住，寺有禪客，拳眉翦髮，字曰癡人，披短褐，操長策，狂歌雜語，凡所指斥，皆多應驗。觀未至之前，狂僧驅眾僧灑掃曰：「不久菩薩來此。」復次壁畫散脂大將及山麑之怪，往往不息。觀既止此寺，二事俱靜。五月，內中使霍仙鳴傳宣催入。觀至，帝頗敦重，延入譯場刊正。又詔令造疏，遂於終南草堂寺編成十卷，進呈，敕令兩街各講一遍為疏。時堂前池生五枝合歡蓮華，一華皆有三節，人咸歎伏。尋譯《守護國界主經》，觀綴文潤色。順宗在春宮，嘗垂教令述《了義》一卷，《心要》一卷並《食肉得罪因緣》。洎至長安，頻加禮接。朝臣歸向，則齊相國杬韋、太常渠牟，皆結交最深。故相武、元衡、鄭絪、李吉甫、權德輿、李逢吉、中書舍人錢徽、兵部侍郎歸登、襄陽節度使嚴綬、越州觀察使孟簡、洪州韋丹，咸慕高

風，或從戒訓。以元和年卒，春秋七十餘。

（據《宋高僧傳》卷五《義解》）

唐京師西明寺良秀

釋良秀，姓郭氏，蒲津人也。年及佩觿，挺然離俗，乃往中條山柏梯寺披削，誦通經業，受具律儀。誓以傳講為己事，勤苦忘疲，三藏俱尋，九流外贍。於時籍甚，孰不欽崇。貞元四年奉詔與罽賓國般若三藏同譯《大乘理趣六波羅蜜經》十卷。至五年二月四日解座，寫本進過。尋奉德宗敕令秀造疏，上表云：「去年十一月二十八日右街功德使王希遷奉宣，令良秀等修撰新翻《大乘理趣六波羅蜜經》疏者。伏聞至道同源，聖人一貫，大雄示相，演妙音於獨園，寶位分身，霈湛恩於雙闕。開佛日於聖日，降絲綸於法輪。所以揚化慈航，致人壽域。不然豈得握真符而契合，應休運以感通？況以此經，如來之密印，群生之度門，得白馬之寶函，啟青龍之秘藏，是第一義理去筌蹄，於最後乘說無分別。加以天文煥發，睿思昭回。真如契心，已闡微於釋氏；般若製序，諒纘文於太宗。慈雲溥潤於大根，湛露垂滋於貝葉。良秀等材惟末學，性異生知，謬寄討論，伏增殞越。上承嚴旨，徒側管以窺天；虔奉本師，懼升堂而鼓瑟。所修撰疏一部，謹附王希遷隨表奉進，伏乞聖慈許令同修疏沙門談筵於當寺贊演及流佈中外。所冀落落，真言示丹青於新學；明明像教，流粉澤於將來。帝覽奏，敕內給事毛瑛琦，宣慰良秀、談筵、道恒等：宜共賜絹九十匹，至可領取。比修疏義，甚大勤勞也。秋熱，兼問師等各平安好在。」秀之辭筆義端，時少倫匹。終沒罔知時代焉。

（據《宋高僧傳》卷五《義解》）

唐京師西明寺慧琳

釋慧琳，姓裴氏，疏勒國人也。始事不空三藏，為室灑，內持密藏，外究儒流，印度聲明，支那詁訓，靡不精奧。嘗謂翻梵成華，華皆典故，典故則西干細語也。遂引用字林、字統、聲類、三蒼、切韻、玉篇諸經雜史，參合佛意，詳察是非，撰成《大藏音義》一百卷。起貞元四年迄元和五載，方得絕筆，貯其本於西明藏中。京邑之間，一皆宗仰。琳以元和十五年庚子卒於所住，春秋八十四矣。殆大中五年，有奏請入藏流行。近以海中高麗國，雖三韓

夷族，偏尚釋門，周顯德中，遣使齎金入浙中求慧琳《經音義》，時無此本，故有闕如。

（據《宋高僧傳》卷五《義解》）

唐京師千福寺懷感

釋懷感，不知何許人也。秉持強悍，精苦從師，義不入神，未以為得。四方同好就霧市焉，唯不信念佛。少時逕生安養，疑冰未泮，遂謁善導，用決猶豫。導曰：「子傳教度人，為信後講，為渺茫無詣。」感曰：「諸佛誠言，不信不講。」導曰：「若如所見，令念佛往生，豈是魔說耶。子若信之，至心念佛，當有證驗。」乃入道場三七日，不睹靈瑞。感自恨罪障深，欲絕食畢命。導不許，遂令精虔，三年念佛。後忽感靈瑞，見金色玉毫，便證念佛三昧。悲恨宿垢業重，妄構眾愆，懺悔發露，乃述《決疑論》七卷（即群疑論是也）。臨終，果有化佛來迎，合掌面西而往矣。

（據《宋高僧傳》卷六《義解》）

唐京師大安國寺端甫

釋端甫，俗姓趙氏，天水人也。世為秦著姓焉。初，母張夫人夢梵僧謂曰：「當生貴子。」即出囊中舍利使吞之，及誕所夢僧白晝入其室，摩其頂曰：「必當大興法教。」言訖而滅。既成人，高顙深目，大頤方口。長六尺五寸，其音如鐘。夫將欲荷如來之菩提，鑿生靈之耳目，固必有殊祥奇表歟？始十歲，依崇福寺道悟禪師為沙彌。十七正度為比丘，隸安國寺。受具於西明寺照律師，學毗尼於崇福寺升律師，傳《唯識》於安國寺素法師，通《涅槃經》於福林寺崟法師。甫又夢梵僧以舍利滿琉璃器，使吞之，且曰：「三藏大教，盡貯汝腹矣。」自是經律論無敵於當時，囊括川注，逢源會委，滔滔然莫能濟其畔岸矣。夫將欲伐株杌於情田，雨甘露於法種者，固必有勇智宏辯歟？無何，謁文殊於清涼，眾聖皆現；演大經於太原，傾都畢會。德宗皇帝聞其名，徵之，一見大悅，常出入禁中與儒道議論，賜紫方袍。歲時錫施，異於他等。復詔侍皇太子於東朝。順宗皇帝深仰其風，親之若昆弟，相與臥起，恩禮特隆。憲宗皇帝數幸其寺，待之若賓友。常承顧問，注納偏厚。而甫符彩超，邁辭理響捷，迎合上旨，皆契真乘，雖造次應對，未嘗不以闡揚為務。繇是天子益知佛為大聖人，其教有大不思議事。當是時朝廷方削平區夏，縛吳斡蜀，

潴蔡蕩鄆，而天子端拱無事。詔甫率緇屬迎真骨於靈山，開法場於秘殿，為人請福，親奉香燈。既而刑不殘，兵不黷，赤子無愁聲，蒼海無驚波，蓋參用真宗以毗大政之明效也。夫將欲顯大不思議之道，輔大有為之君，固必有冥符玄契歟！掌內殿法儀，錄左街僧事，以標表淨眾者，凡一十年。講《涅槃》、《唯識》經論，處當仁傳授宗主，以開誘道俗者，凡一百六十座。運三密於瑜伽，契無生於悉地，日持諸部十餘萬遍，指淨土為息肩之地，嚴金經為報法之恩。前後供施數十百萬，悉以崇飾殿宇，窮極雕繪。而方丈單床，靜慮自得。貴臣盛族皆所依慕，豪俠工賈莫不瞻向，薦金寶以致誠，仰端嚴而禮足，日有千數，不可殫書。而甫即眾生以觀佛，離四相以修善，心下如地，坦無丘陵，王公輿臺皆以誠接。議者以為成就常不輕行者，唯甫而已矣。夫將欲駕橫海之大航，拯迷途於彼岸者，固必有奇功妙道歟。以開成元年六月一日，西向右脅而滅，當暑而尊容若生，終夕而異香猶郁。其年七月六日，遷於長樂之南原。遺命荼毗，得舍利三百餘粒，方熾而神光月皎，既燼而靈骨珠圓，賜諡曰大達，塔曰玄秘。俗壽六十七，僧臘可數。門弟子僧尼，約千餘輩，或講論玄言，或紀綱大寺，修禪秉律，分作人師，五十其徒，皆為達者。會昌中相國裴公休為碑頌德焉。

（據《宋高僧傳》卷六《義解》）

唐京師西明寺乘恩

釋乘恩，不知何許人也。肇從志學，知遍尋師，凡廁饗堂，必窮義路。常訓門人曰：「好學近乎智，力行近乎仁。仁智稍成，是殊名同實，趨菩薩地，若下阪之走丸耳。」恩樂人為學，不忘講導。及天寶末，關中版蕩，因避地姑臧。旅泊之間，嗟彼密邇羌虜之封，極尚經論之學。恩化其內眾，勉其成功，深染華風，悉登義府。自是重撰《百法論疏》並鈔，行於西土。其疏祖慈恩而宗潞府，大抵同而少聞異，終後弟子傳佈。迨咸通四年三月中，西涼僧法信精研此道，稟本道節度使張義潮表進恩之著述，敕令兩街三學大德等詳定，實堪行用，敕依，其僧賜紫衣，充本道大德焉。

（據《宋高僧傳》卷六《義解》）

唐京兆大安國寺僧徹

釋僧徹，不知何許人也。敏利天資，高邁逸類，稚歲聰穎，而慕悟達國

師，若顏回之肖仲尼也。既而時親函丈，頗見幽微，隨侍翼從，未嘗少厭。窺其門牆，其殆庶幾乎。悟達凡有新義別章，咸囑付徹暢衍之。為《如來藏經疏》著《法鑒》四卷，《大無量壽經疏》著《法燈》二卷，《勝鬘師子吼經疏》著《法苑》十卷。觀乎悟達為疏，若左丘明之傳也。徹述三法鈔，猶杜、服之集解歟。初居法幹內寺，師資角立，聲彩風行，凡百官僚無不奉仰率由。徹內外兼學，辭筆特高，唱予和汝，同氣相求。尋充左右街應制，每屬誕辰，升麟德殿法座講談，敕賜紫袈裟。懿宗皇帝留心釋氏，頗異前朝。遇八齋日，必內中飯僧數盈萬計。帝因法集，躬為讚唄，徹則升臺朗詠。寵錫繁博，敕造栴檀木講座以賜之。又敕兩街四寺行方等懺法，戒壇度僧各三七日。別宣僧尼大德二十人入咸泰殿置壇度內。福壽寺尼繕寫《大藏經》，每藏計五千四百六十一卷，雕造真檀像一千軀，皆委徹檢校焉。以十一月十四日延慶節，麟德殿召京城僧道赴內講論，爾日徹述皇猷，辭辯瀏亮，帝深稱許。而又恢張佛理，旁懾黃冠，可謂折衝異論者，當時號為法將。帝悅，敕賜號曰淨光大師，咸通十一年也。續錄兩街僧事，初徹經江論海，勇於揭厲。於青龍寺講貫既循悟達國師義意，寄呈所見，蒙回八十四字，云：觀君法苑思沖虛，解我真乘刃有餘。若使龍光時可待，應憐僧肇論成初。五車外典知難敵，九趣多才恐不如。蕭寺講軒橫淡蕩，帝鄉雲樹正扶疏。幾生曾得闍蹦意，今日堪將貝葉書。一振微言冠千古，何人執卷問吾廬。覽茲獎飾，悲喜盈襟。

以廣明中。巢寇犯闕，僖宗幸蜀。其夕徹內宿，明日倉黃與杜光庭先生扈從入於岷峨，再見悟達，痛序艱難。徹極多著述，碑頌歌詩。不知所終。內翰侍郎樂朋龜為真贊，鳳翔、嘉州皆寫其真相。弟子秦蜀之間愈多傳法者。

（據《宋高僧傳》卷六《義解》）

唐絳州龍興寺木塔院玄約

釋玄約，姓張氏，正平人也。志韻剛潔，幼萌出塵之心，既諧夙志入州龍興伽藍，日誦千言，更無再受。落髮之後，滿足律儀，檢察己心，循其戒範，精持止作，未嘗穿穴。自茲名節頓高，流輩窺仰。數稔之間，律論俱贍，遍求知識，探賾玄文。戾止長安崇聖寺，以戒德之選而預臨壇，講律並《俱舍》共四十餘遍，淵靜其性，研核靡虧。著《俱舍論金華鈔》二十卷，為時所貴。而二講登席，可三百餘人，皆北面受業焉。傳稟門生一百許輩，汾沁之間奔走學者，迨乎老矣。終本院小房，俗壽七十六，法臘五十六。學法弟子道俗

收焚坑舍利數百粒，構甎浮圖於郡城之西焉。

（據《宋高僧傳》卷七《義解》）

唐洛京菏澤寺神會

釋神會，姓高，襄陽人也。年方幼學，厥性惇明，從師傳授《五經》，克通幽賾。次尋莊老，靈府廓然。覽後漢書，知浮圖之說。由是於釋教留神，乃無仕進之意，辭親投本府國昌寺顥元法師下出家……

玄宗召赴京，時駕幸昭應，湯池得對，言理允愜。敕移往均部，（天寶）二年敕徙荊州開元寺般若院住焉……

（據《宋高僧傳》卷八《習禪》）

唐越州雲門寺道亮

釋道亮，姓朱氏，越州人也。厥考前刺會稽郡。亮年八歲出家，極通經業。受具後學《河中三論》，復講《涅槃經》。尋入深谷，破衣覆形，蔬食資命，不交俗務，直守童真。神龍元年，孝和皇帝詔亮與法席宗師十人，入長樂大內坐夏安居。時帝命受菩薩戒。睿宗及妃后送異錦衾氈席。二年，詔於西園問道，朝廷欽貴。大都督李孝逸、工部尚書張錫、國子監周業、崔融，秘書監賀知章、睦州刺史康詵，同心慕仰，請問禪心，多結師資，或傳香火。卒年八十二，門人慧遠等建塔，萬齊融為銘紀述。

（據《宋高僧傳》卷八《習禪》）

唐京兆慈恩寺義福

釋義福，姓姜氏，潞州銅鞮人也。幼慕空門，黍累世務，初止藍田化感寺，處方丈之室凡二十餘年，未嘗出房宇之外。後隸京師慈恩寺，道望高峙，傾動物心。開元十一年從駕往東都，經蒲、虢二州，刺史及官吏士女皆齎旛花迎之。所在途路充塞，拜禮紛紛，瞻望無厭。以二十年卒，有制謚號曰大智禪師，葬於伊闕之北。送葬者數萬人，中書侍郎嚴挺之躬行喪服，若弟子焉，又撰碑文。神秀禪門之傑，雖有禪行，得帝王重之無以加者，而未嘗聚徒開法也。洎乎普寂始於都城傳教二十餘載，人皆仰之。

（據《宋高僧傳》卷九《習禪》）

唐京師興唐寺普寂

釋普寂，姓馮氏，蒲州河東人也。年才稚弱，率性軒昂，離俗升壇，循於經律。臨文揣義，迥異恒流。初聞神秀在荊州玉泉寺，寂乃往師事，凡六年。神秀奇之，盡以其道授焉。久視中，則天召神秀至東都論道，因薦寂，乃度為僧。及秀之卒，天下好釋氏者，咸師事之。中宗聞秀高年，特下制令普寂代本師統其法眾。開元二十三年，敕普寂於都城居止。時王公大人競來禮謁，寂嚴重少言，來者難見其和悅之容，遠近尤以此重之。二十七年，終於上都興唐寺，年八十九。時都城士庶謁者皆制弟子之服。有制賜諡曰：大慧禪師。及葬，河南尹裴寬及其妻子，並縗麻列於門徒之次。傾城哭送，閭里為之空焉。

裴尹之重寂，職有由矣，寂之闡化，神異頗多，裴皆目擊，又得心印，歸向越深。時多譏誚，裴日夕造謁，執弟子禮，曾無差脫。一日詣寂，寂懸知弟子一行之亡。及寂之終滅，裴之悲慟若喪所親，縗経徒步出城，妻子同爾，搢紳之譏生於是矣。

（據《宋高僧傳》卷九《習禪》）

唐京師大安國寺楞伽院靈著

釋靈著，姓劉氏，縣州巴西人也。年殆志學，方遂出家，登戒尋師，不下千里。年四十，精毗尼道，兼講《涅槃》，一律一經，勤於付授。晚歲請問大照禪師，領悟宗風，守志彌篤。後詣長安，誕敷禪法，慕道求師者不減千計，若魚龍之會淵澤也。以天寶五載四月十日申時，示滅於安國寺石楞伽經院，享壽五十六，僧夏三十六。將終，寺中亟多變怪，蓋法門梁棟之頹撓也。著加趺而坐，怡然而化。三七日後，茶毗起塔於龍首岡，鄰佛陀波利藏舍利之所，帝女媧之墳右，以其年十月十日遷入塔焉。弟子朗智、道珣、如一追慕師德，香火不絕。內侍上柱國天水趙思侃命釋子善運撰碑於塔所焉。

（據《宋高僧傳》卷九《習禪》）

唐均州武當山慧忠

釋慧忠，俗姓冉氏，越州諸暨人也。執辨甲子，或謂期頤之年。肌膚冰雪，神宇峻爽。少而好學，法受雙峰，默默全真，心承一印……

上奏玄宗，徵居香剎，則龍興寺也。由是罷相、節使、王公、大人，罔不

膜拜順風，從而問道。忠博達詁訓，廣窮經律，降魔制外，孰之與京？不可以
威畏，不可以利動，暾日而食，對月澄心，清風飛霜，勁節凌竹，辭檢理詣，
折彼慢幢。論頓也不留朕跡，語漸也返常合道。得之於心，伊蘭作栴檀之樹；
失之於指，甘露乃蒺藜之園。妙不可傳，花多果少，世有執礫水中，若獲琉璃
之寶，掬泡瓶內，謂得摩尼之珠。忠所以訶之止之，不能已矣。故有超毗盧之
說，令其不著佛求，越法身之談，俾夫無染正性。豈毗盧之可越而法身之可
超哉！是以虛空之心合虛空之理，纖妄若雲翳，宗通如日月。朝郎結駟而至，
安禪不動，受其頂謁，儼如也。蓋所謂昔人不迎七步，以福於萬乘之君，豈止
百僚而已哉。

　　肅宗皇帝載定區夏，聞其德高，以上元二年正月十六日敕內給事孫朝進
驛騎迎請，其手詔曰：「皇帝信問，朕聞調御上乘以安中土，利他大士共濟群
生。師以法鑒高懸，一音演說，藏開秘密，境入圓明，大悲不惓於津梁，至善
必明於兼濟。尊雄付囑，實在朕躬。思與道安宣揚妙用，廣滋福潤，以及大
千。傳罔象之玄珠，拔沉迷之毒箭，良緣斯在，勿以為勞。杖錫而來，京師非
遠。齋心已久，副朕虛懷。春寒，師得平安好，遣書指不多及。」忠常以道無
不在，華野莫殊，遂高步入宮，引登正殿。霜杖初下，日照龍衣，天香以焚，
風飄羽蓋。時忠驤首接武，神儀肅若。天子欽之，待以師禮。奏理人治國之
要，暢唐堯、虞舜之風。帝聞竦然，膝之前席。九龍灑蓮華之水，萬乘飲醍醐
之味。從是肩昇上殿，坐而論道，不拘彝典也。尋令驃騎朱光輝宣旨住千福
寺。相國崔渙從而問津，理契於心，談之朝野。識真之士，往往造焉。洎夫寶
應臨御，以孝理國，匪移前眷，劃開萬里之天，若見三江之月。又敕內侍袁守
宏迎近闕下光宅寺安置，香飯雲來，紫衣天降。雖使臣擁禪門而不進，御府
列玉帛而盈庭，了之如泡，觀之若夢，澹然閒任，自樂天倪。亦可羅浮不歸，
方名宴坐，雙峰長往，始契無生者哉。成聖元胎，於是乎在，固所以萬行齊
發，千門不累於心矣。則兜率之鼓，無形乃聲，修羅之琴，不撫而韻，香傳天
主，花雨空王，見於忠矣。常以思大師有言：若欲得道，衡嶽武當。因奏武
當山請置太一延昌寺，白崖山黨子谷置香嚴長壽寺，各請藏經一本，度僧護
持，二聖御影，鎮彼武當。王言惟允，有司承式。猴一雁塔，雖未飾於中峰；
茅棟柴扉，便以名於梵宇。睿割題額，鸞回鵲飛，山川光煌，黑白抃躍，想金
殿之可期，睹瑤臺之非遠。至大曆八年又奏度天下名山僧。中取明經律禪法
者。添滿三七人。道門因之羽服緇裳罔不慶懌。數盈萬計用福九重也。忠往

在南陽陷於賊境。固請迴避皆不允之……

（據《宋高僧傳》卷九《習禪》）

唐太原甘泉寺志賢

釋志賢，姓江，建陽人也。夙心剛整，幼且成規，既遂出家，尋加戒品，沾嘗漸教，守護諸根，抗節修心，不違律範。大寶元年，於本州佛跡岩承事道一禪師，曾無間然，汲水拾薪，惟務勤苦。遊方見金華山赤松洞，是黃初平叱石羊之地，鬱林峻嶺，泉湖百步許。意樂幽奇，既棲巔頂，野老負香粘蔬茄以供之。時天大旱，賢望空擊石，曼罵諸龍曰：「若業龍，無能為也。其菩薩龍王，胡不遵佛敕救百姓乎？」敲石才畢，霈然而作，婆人咸悅。後遊長安，名公碩德列請為大寺功德之師，賢悚然不顧。明日遂行，登五臺，尋止太原甘泉寺，道俗請學禪理者繼至。無疾而終，敕諡大遠禪師，旌乎厥德矣。

（據《宋高僧傳》卷九《習禪》）

唐陝州回鑾寺慧空

釋慧空，姓崔，江陵人也。家世儒雅，奕葉纓緌，父任陝服靈寶縣。空丁艱天屬，堅請入空門，庸報乳哺重恩。乃投回鑾寺恒超下，授受經業。三載誦通，及格蒙度，聽習敏利。因入嵩少，遇寂師禪會，豁如開悟。乃回三峰，於仙掌間有道流綢繆論道，薄暮方散，非止一過。州帥元公頗知歸向，召之，多以疾辭，或至，必登元席。代宗皇帝聞其有道，下詔俾居京師廣福寺，朝廷公卿罔不傾信。

後終於寺，春秋七十八。大曆八年癸丑九月四日，全身堅固而遷塔焉。

（據《宋高僧傳》卷九《習禪》）

唐揚州華林寺靈坦

釋靈坦，姓武氏，太原文水人也……後聞忠國師自南陽詔入，於大曆五年禮覲之。八年欲出關，忠奏曰：「此人是貧道同門，俱神會弟子。」敕賜號曰大悲，兼齎墨敕。行化至梁園，時相國田公神功供養邐迤……

（據《宋高僧傳》卷十《習禪》）

唐雍京章敬寺懷暉

釋懷暉，姓謝氏，泉州人也。宿植根深，出塵志遠，迨乎進具，乃尚云遊。貞元初，禮洪州大寂禪師，頓明心要。時彭城劉濟頗德暉，互相推證。後潛岨崍山，次寓齊州靈巖寺。又移卜百家岩，泉石幽奇。苦於禪子請問繁雜，上中條山行禪法，為法者躡跡而往，蒲津人皆化之。元和三年，憲宗詔入於章敬寺，毗盧遮那院安置，則大曆中敕應天下名僧大德三學通贍者並叢萃其中，屬誕辰，多於此修齋度僧焉。暉既居上院，為人說禪要，朝僚名士日來參問。復詔入麟德殿賜齋，推居上座。元和十年乙未冬示疾，十二月十一日滅度，春秋六十二。越明年二月，門人智朗、志操等奉全身葬於灞橋北原。敕諡：大宣教禪師，立碑於寺門，岳陽司倉賈島為文述德焉。

（據《宋高僧傳》卷十《習禪》）

唐京兆興善寺惟寬

釋惟寬，姓祝氏，衢州信安人也。祖曰安，考曰皎。生十三歲，見殺生者，盡然不忍食。退而出家，求翦髮於僧曇，受尸羅於僧崇，學毗尼於僧如，證大乘法於止觀，成最上乘於大寂、道一。貞元六年，始行化於閩越間，歲餘而迴心改服者百數。七年伏猛虎於會稽，作滕家道場。八年，與山神受歸戒於鄱陽，作迴向道場。十三年，感非人於少林寺。二十一年，作有為功德於衛國寺。明年，施無為功德於天宮寺。元和四年，憲宗章武皇帝詔於安國寺。五年，問道於麟德殿。其年，復靈泉於不空三藏池。十二年二月晦，大說於傳法堂訖，奄然而化。報齡六十三，僧夏三十九。歸葬於灞陵西原，詔諡曰：大徹禪師。塔號元和正真。

初，寬說心要法三十年，度黑白眾殆及百千萬，應病授藥安可既乎？白樂天為宮贊時，遇寬四詣法堂，每來垂一問，寬答如流，白君以師事之。門弟子殆千餘，得法者三十九，入室受遺寄者曰義崇、圓照焉。

（據《宋高僧傳》卷十《習禪》）

釋寶修

唐羅浮山釋寶修，俗姓周，資州人也。從師於純德寺，志求玄理，於蘄州忍大師法裔決了重疑。後愛羅浮山石室安止，檀越為造梵宇，蔚成大寺。一日，告門人曰：「因緣相逼。」愀然不樂，眾咸莫測。順宗皇帝深重佛宗，

知修之名，詔入京與三藏擊問，並答翻譯之意，朗暢如流。乃留居輦下。三年，終於京寺云。

（據《宋高僧傳》卷十《習禪》）

唐京兆華嚴寺智藏

釋智藏，姓黃氏，豫章上高人也。父為洪州椽，藏隨父入報國寺，見供奉皓月講《涅槃經》，微體經意，樂入佛門。年甫十三，割恩愛，辭父母，於開元寺宗法師所受學。後修禪法，證大寂、一公宗要矣。建中元年，入長安，盧元顥素奉其道，舉奏入內供養，敕令住華嚴寺。輦轂之間，玄學者孔熾，就藏之門，若海水之歸投琴之鏊矣。太和九年終於住寺，三月十二日入塔焉。

（據《宋高僧傳》卷十一《習禪篇》）

唐京師聖壽寺恒政

釋恒政，姓周氏，平原人也。未入法前，隨入鄉校，殊不嗜書籍。或見佛經，耽味不捨。後棄俗從師，就本州延和寺詮澄法師下受誦經法。既登戒已，問道於嵩少，決了無壅，遁跡三峰，放蕩自在。無幾，入太一山中，甫行風教，學人螳慕。太和中，文宗皇帝酷嗜蜃蛤，沿海官吏先時遞進，人亦勞止。一日，御饌中盈柈而進，有擘不張呀者，帝觀其異，即焚香祝之。俄為菩薩形，梵相剋全，儀容可愛，遂致於金粟檀香合，以玉綿錦覆之，賜興善寺令致禮之。始宣問群臣：「斯何瑞也。」相國李公德裕奏曰：「臣不足知，唯知聖德昭應。其諸佛理，聞終南山有恆政禪師，大明佛法，博聞強識。」詔入宣問，政曰：「貧道聞物無虛應，此乃啟沃陛下之信心耳。故契經中應以此身得度者，即現此身而為說法也。」帝曰：「菩薩身已見，未聞說法。」政曰：「陛下睹此為常非常耶，信非信耶。」帝曰：「希奇事朕深信焉。」政曰：「陛下已聞說法了。」皇情悅豫，得未曾有，敕天下寺院各立觀音像，以答殊休。其菩薩至會昌毀佛舍，乃亡所在。因留政內道場中，累辭入山，宣住聖壽寺，至武宗即位，忽入終南。或問其故，曰：「吾避仇，烏可已乎哉。」後終山舍，年八十七。闍維，收舍利四十九粒，以會昌三年九月四日入塔。後有廢教之敕，政之先見，若合符節焉。

（據《宋高僧傳》卷十一《習禪》）

唐天台紫凝山慧恭

釋慧恭，俗姓羅氏，福州閩人也。家傳儒素，不交非類。母妊之初，夢所居湧出浮圖，上參於天。迨恭誕生，嶷然聰悟。年十七舉進士，名隨計車。將到京闕，因遊終南山奉日寺，目祖師遺像釋然世網，遂求出家。操執僧事，備歷艱辛。二十有二，適值新創安國寺受具足戒，尋乃遊方……

（據《宋高僧傳》卷十二《習禪》）

唐京兆西明寺道宣

釋道宣，姓錢氏，丹徒人也，一云長城人。其先出自廣陵太守讓之後，洎太史令樂之撰《天文集占》一百卷。考諱申府君，陳吏部尚書，皆高矩令猷，周仁全行，盛德百代，君子萬年。母娠而夢月貫其懷，復夢梵僧語曰：「汝所妊者即梁朝僧祐律師，祐則南齊剡溪隱嶽寺僧護也，宜從出家，崇樹釋教」云。凡十二月在胎，四月八日降誕。九歲能賦，十五厭俗，誦習諸經，依智頵律師受業。洎十六落髮，所謂除結，非欲染衣，便隸日嚴道場。弱冠，極力護持，專精克念，感舍利現於寶函。隋大業年中，從智首律師受具。武德中，依首習律，才聽一遍，方議修禪。頵師呵曰：「夫適遐自邇，因微知章，修捨有時，功願須滿，未宜即去律也。」抑令聽二十遍，已乃坐山林，行定慧，晦跡於終南仿掌之谷。所居乏水，神人指之，穿地尺餘，其泉迸湧，時號為白泉寺。猛獸馴伏，每有所依，名華芬芳，奇草蔓延。隨末徙崇義精舍，載遷豐德寺。嘗因獨坐，護法神告曰：「彼清官村故淨業寺，地當寶勢，道可習成。」聞斯卜焉，焚功德香，行般舟定。時有群龍禮謁，若男若女，化為人形。沙彌散心，顧盼邪視。龍赫然發怒，將搏攫之，尋追悔吐毒井中，具陳而去。宣乃令封閉，人或潛開，往往煙上，審其神變。或送異華一盒，形似棗華，大如榆莢，香氣祕馥，數載宛然。又供奇果，季孟梨柰，然其味甘，其色潔，非人間所遇也。門徒嘗欲舉陰事，先是潛通，以定觀根隨病與藥。皆此類者。

有處士孫思邈嘗隱終南山，與宣相接，結林下之交，每一往來，議論終夕。時天旱，有西域僧於昆明池結壇祈雨，詔有司備香燈供具。凡七日，池水日漲數尺，有老人夜詣宣求救，頗形倉卒之狀，曰：「弟子即昆明池龍也，時之無雨，乃天意也，非由弟子。今胡僧取利於弟子，而欺天子言祈雨，命在旦夕，乞和尚法力加護。」宣曰：「吾無能救爾，爾可急求孫先生。」老人至思

邀石室，冤訴再三，云：「宣律師示我，故敢相投也。」邀曰：「我知昆明池龍宮有仙方三十首，能示余，余乃救爾。」老人曰：「此方上界不許輒傳，今事急矣，固何所吝。」少選，捧方而至。邀曰：「爾速還，無懼胡僧也。」自是池水大漲，數日溢岸，胡僧術將盡矣，無能為也。

及西明寺初就，詔宣充上座。三藏奘師至止，詔與翻譯。又送真身往扶風無憂王寺。遇敕令僧拜等，上啟朝宰，護法又如此者。撰《法門文記》、《廣弘明集》、《續高僧傳》、《三寶錄》、《羯磨戒疏》、《行事鈔》、《義鈔》等二百二十餘卷。三衣皆紵，一食唯菽。行則杖策，坐不倚床，蚤虱從遊，居然除受。土木自得，固已亡身。嘗築一壇，俄有長眉僧談道，知者其實賓頭盧也。復三果梵僧禮壇贊曰：「自佛滅後，像法住世，興發毗尼，唯師一人也。」乾封二年春，冥感天人來談律相，言鈔文輕重，儀中舛誤，皆譯之過，非師之咎，請師改正。故今所行著述，多是重修本是也。又有天人云：「曾撰《祇洹圖經》，計人間紙帛一百許卷。」宣苦告口占，一一抄記，上下二卷。又口傳偈頌，號《付囑儀》十卷是也。貞觀中，曾隱沁部雲室山，人睹天童給侍左右。於西明寺夜行道，足跌前階，有物扶持，履空無害。熟顧視之，乃少年也。宣遽問：「何人中夜在此？」少年曰：「某非常人，即毗沙門天王之子那吒也，護法之故，擁護和尚，時之久矣。」宣曰：「貧道修行，無事煩太子，太子威神自在，西域有可作佛事者，願為致之。」太子曰：「某有佛牙寶掌雖久，頭目猶捨，敢不奉獻。」俄授於宣，宣保錄供養焉。復次，庭除有一天來禮謁，謂宣曰：「律師當生睹史天宮。」持物一苞云，是棘林香。爾後十旬，安坐而，則乾封二年十月三日也，春秋七十二，僧臘五十二。累門人窆於壇穀石室，其後樹塔三所。高宗下詔，令崇飾圖寫宣之真。相匠韓伯通塑續之，蓋追仰道風也。

宣從登戒壇及當泥曰，其間受法傳教，弟子可千百人。其親度曰大慈律師，授法者文綱等。其天人付授佛牙，密令文綱掌護，持去崇聖寺東塔。大和初，丞相韋公處厚建塔於西廊焉。宣之持律，聲振竺乾，宣之編修，美流天下，是故無畏三藏到東夏朝謁，帝問：「自遠而來，得無勞乎？欲於何方休息？」三藏奏曰：「在天竺時常聞西明寺宣律師，秉持第一，願往依止焉。」敕允之。宣持禁豎牢，捫虱以綿紙裹投於地。三藏曰：「撲有情於地之聲也。」凡諸密行，或制或遮，良可知矣。至代宗大曆二年敕此寺三綱：如聞彼寺有大德道宣律師傳授得釋迦佛牙及肉舍利，宜即詣右銀臺門進來，朕要觀禮。至十一年十月，敕：每年內中出香一合，送西明寺故道宣律師堂，為國焚之禱祝。至

懿宗咸通十年，左右街僧令霄玄暢等上表乞追贈。其年十月敕諡曰澄照，塔曰淨光。先所居久在終南，故號南山律宗焉。天寶元載靈昌太守李邕，會昌元年工部郎中嚴厚本，各為碑頌德云。

（據《宋高僧傳》卷十四《明律》）

唐京兆恒濟寺道成

釋道成者，不知何許人也。居於天邑，演彼律乘。戒月揚光，圓而不缺，德瓶告實，滿而不傾。當顯慶中，敷四分一宗，有同霧市。時文綱律匠雖先依澄照大師，後習律文，乃登成之堂奧矣。又懷素著述，皆出其門。垂拱中，日照三藏譯《顯識》等經，天后詔名德十員助其法化成，與明恂、嘉尚同預證義。由是聲飛神甸，位首方壇，謂之梧桐多棲鳳鳥，謂之芳沚頗秀蘭叢。門生孔多，無過此集，然不詳終所。

（據《宋高僧傳》卷十四《明律》）

唐京師崇聖寺文綱

釋文綱，姓孔氏，會稽人也。曾祖範，陳都官尚書，祖襈，祠部侍郎。考頂坐，逃海避隋，擇木歸舜。貞觀始拜尚乘直長，咸光復儒業，旁通釋教。是故綱也植宿根，從習氣。慈母懷孕，雜食棄捐。有婆羅門僧頭陀語其母曰：「若此男終紹三寶。」自爾每聞空中多異香。雜仙樂。及誕育之日，白鶴翔集，若臨視焉。比襁褓中，午後不受乳哺，猶堅持齋者。重齔，隨師訪道。十二出家，冠年受具。精慮苦行，專念息心，藜羹糗糧，麻衣草薦。操有彝檢，口無溢言。尋詣京兆沙門道成律師，稟毗尼藏。二十五講律，三十登壇。每勤修深思，凝視反聽，淨如止水，嶷若斷山。或風雨宴居，或晝夜獨得。故能吉祥在手，不捨其瓶，威德迎風，不絕於氣。出籠瘠雁，坐致虛空，起屋下層，自然成就。唯甘露之渧口，喻利劍之傷人，慎之重之，廣矣至矣。由是八方來學，四分永流，請益者舉袂雲臨，讚歎者發聲雷駭。久視中，天作淫雨，人有憂色。綱愍之，乃端坐思惟，卻倚屋壁。奄至中夕，欻爾半傾，唯余背間，嶷然山立，識者以為得神通，因定力故。日月靈跡，幽明潛感，兆於集事，應乎遣言。左右怪之，綱曰：「夫真實無相，塵色本空。正覺圓常，大悲湛定，不可取也。」是以一時法主，四朝帝師，同迦葉之入城，遇匿王之說戒，竹園門外別有沙彌，畢樹枝間廣聞鸚鳥。所以受潤者博，入見者深。萬病已痊，獲歡喜之藥；一心

不染，解煩惱之繩。又恭承絲，綸京都翻譯，追論惠用，遠契如因，翹誠滿朝，檀施敵國，但依布薩，盡用莊嚴。累歷伽藍二十餘所，凡是塔廟，各已華豐。猶且刺血書經，向六百卷，登壇受具，僅數千人。至苦至勤，納無我之海；不寢不食，種無生之田。長安四年，奉敕往岐州無憂王寺迎舍利。景龍二載，中宗孝和皇帝延入內道場行道，送真身舍利往無憂王寺入塔。其年於乾陵宮為內尼受戒。復於宮中坐夏，為二聖內尼講《四分律》一遍。中宗嘉尚，為度弟子，賜什物彩帛三千匹，因奏道場靈感之事。六月七日，御剳題牓為靈感寺是也。諸寺闕碩德以隸焉。夫其左籛宿，右上林，南臺終山，北池渭水，千門宮闕，化出雲霄，萬乘旌旗，天回原隰。先天載睿宗聖真皇帝，又於別殿請為菩薩戒師，妃主環階，侍從羅拜。兜率天上，親聽法言，王舍城中，普聞淨戒。恩旨賜絹三千餘匹，綱悉付常，住隨事修營，或金地繚垣，用增上價，或寶坊飛閣，克壯全模，或講堂經樓，舍利淨土，或軒廊器物，廚庫園林。皆信施法財，周給僧寶。方將示迷津，引覺路，濯熱火宅，拯溺毒流，而乃奄忽神遷，斯須薪盡，雖有應化，何其速歟。以開元十五年八月十五日，怡然長往，時春秋九十有二。其年九月四日塔於寺側焉。聞哀奔喪，執紼會葬，香華幢蓋，緇素華夷，填城塞川，彗雲翳景，蓋數萬人。有若法侶，京兆懷素、滿意、承禮、襄陽崇拔、扶風鳳林、江陵恒景、淄川名恪等百餘人，咸曰：「智河舟遷，法宇棟橈而已哉。」有若弟子，淮南道岸、蜀川神積、岐隴慧顗、京兆神慧、思義、紹覺、律藏、恒遇、崇業等五十餘人，並目以慈眼入於度門，金棺不追，灰骨岡答。乃請滑臺太守李邕為碑，邕象彼馬遷，法其班氏，以二人而同傳，必百行以齊肩。不忝懷素前，不慚宣師後，李北海題品，不其韙乎。

（據《宋高僧傳》卷十四《明律》）

唐光州道岸

釋道岸，姓唐氏，世居穎川，是為大族，漢尚書令琳、司空珍、吳尚書僕射固、雍州刺史彬、涼鎮北將軍瑤之後也⋯⋯

孝和皇帝精貫白業，遊藝玄樞，聞而異焉。遣使徵召，前後數介。然始入朝，與大德數人同居內殿，帝因朝暇，躬閱清言。雖天眷屢回，而聖威難犯，凡厥目對，靡不魂驚，皆向日趨，風滅聽收視。岸人望雖重，僧臘未高，猶淪居下，筵累隔先輩。惜帝有輪王之位，不起承迎，以吾為舍那之後，晏然方坐。皇帝睹其高尚，伏以尊嚴，偏賜衣鉢，特彰榮寵。因請如來法味，屈為

菩薩戒師。親率六宮，圍繞供養，仍圖畫於林光宮。御製畫贊，辭曰：「戒珠皎潔，慧流清淨，身局五篇，心融八定。學綜真典，觀通實性，維持法務，綱統僧政。律藏冀兮傳芳，象教因乎光盛。」比夫靈臺影像，麟閣丹青，功德義殊。師臣禮異，銓擇綱管統帥僧徒者，有司之任也。以岸盛德廣大，至行高邈，思遍雨露，特變章程。所歷都白馬、中興、莊嚴、薦福、罔極等寺，綱維總務，皆承敕命，深契物心，天下以為榮，古今所未有。中宗有懷罔極，追福因心，先於長安造薦福寺。事不時就，作者煩勞，敕岸與工部尚書張錫同典其任。廣開方便，博施慈悲，人或子來，役無留務，費約功倍。帝甚嘉之，頓邀賞錫，何間昏曉。

既荷天澤，言酬恩地，遂還光州，度人置寺。於是只陀苑囿，鬱起僧坊，拘鄰比丘，便為人寶，能事斯畢，夫何恨哉。江海一辭，星霜二紀，每懷成道之所，更迫鐘漏之期。遂去上京，還至本處。將申顧命，精擇門人，僧行、超玄儼者，是稱上足也。克傳珠髻之寶，俾賜金口之言，右脅而臥，示其泡幻也。以開元五年歲次丁巳八月十日滅度於會稽龍興道場，時年六十有四。海竭何依，山崩安仰，天人感慟，道俗哀號，執紼衣縗，動盈萬計。弟子龍興寺慧武寺主義海、都維那道融、大禹寺懷則、大善寺道超、齊明寺思一、雲明寺慧周、洪邑寺懷瑩、香嚴寺懷彥、平原寺道綱、湖州大雲寺子瑀、興國寺慧纂等，秀稟圭璋，器承磨琢，荷導蒙之力，懷栝羽之恩，思播芳塵，必題貞石，乃請禮部侍郎姚奕為碑紀德。

初，岸本文綱律師高足也。及孝和所重，其道克昌。以江表多行《十誦律》，東南僧堅執罔知《四分》。岸請帝墨敕執行南山律宗，伊宗盛於江淮間者，岸之力也。

（據《宋高僧傳》卷十四《明律》）

唐京師崇聖寺靈崿

釋靈崿者，不知何許人也。勤乎切問，靡憚尋師。乾封中，於西明寺躬預南山宣師法席。然其不拘常所，或近文綱，或親大慈，皆求益也。末塗懼失宣意，隨講收採所聞，號之曰記，以解刪補鈔也。若然者推究造義章之始，唯慈與崿也。又別撰《輕重訣》，故苑陵玄胄親睹其文，故援引之以解量處輕重儀焉。金革之故，其訣湮滅，無復可尋矣。

（據《宋高僧傳》卷十四《明律》）

唐京兆崇福寺滿意

釋滿意，不知何許人也。風神峭拔，識量寬和，經論旁通，專於律學。武德末，所遇鄴都法礪律師，作疏解《曇無德律》，遂往摳衣，明其授受，如是講導三十許年，乃傳付觀音寺大亮律師。亮方授越州曇一，盛化之間，出龍象之資，無過意之門也矣。

（據《宋高僧傳》卷十四《明律》）

唐京兆西明寺崇業

釋崇業，不知何許人也。初同弋陽道岸，學毗尼於文綱之法集。業之服勤，淬礪罔怠，鬢肆之間推居元長。與淄州名恪齊名，挺拔剛毅過之，美聲洋洋達於禁闥。睿宗聖真皇帝操心履道，敕以舊邸造安國寺，有詔業入承明薰修別殿，為帝授菩薩戒，施物優渥，僉回舍修菩提寺殿宇，抑由先不畜盈長之故也。開元中微疾，囑弟子曰：「吾化窮數盡，汝曹堅以防川，無令放逸。」語訖終於所居寺之別院。業即南山之嗣孫矣。

（據《宋高僧傳》卷十四《明律》）

唐越州法華山寺玄儼

釋玄儼，俗姓徐氏，晉室南遷，因官諸暨，遂為縣族。年始十二，辭親從師，事富春僧暉。證聖元年，恩制度人……

後乃遊詣上京，探賾律範，遇崇福意律師並融濟律師，皆名匠一方，南山上足，咸能升堂睹奧，共所印可，由是道尊戒潔，名動京師，安國授記，並充大德。後還江左……

（據《宋高僧傳》卷十四《明律》）

唐開業寺愛同

釋愛同，俗姓趙氏，本天水人也。代襲冠冕，弱齡挺拔，惠然肯來，為佛家子。具戒後，講《彌沙塞律》，遠近師稟，若鱗羽宗乎鯤鳳也。昔南宋朝罽賓三藏覺壽譯成此律，因出《羯磨》一卷，時運遷移，其本零落，尋求不獲，學者無依。同遂於大律之內抄出《羯磨》一卷，彼宗學者，盛傳流佈。被事方全。孝和之世，神龍中，盛重翻宣，同與文綱等參預譯場，推為證義。義淨所

出之經，同有力焉。著《五分律疏》十卷。復遺囑西明寺玄通律師重施潤色。後安史俶擾，焚燎喪寺，今無類矣。

（據《宋高僧傳》卷十四《明律》）

唐揚州大雲寺鑒真

釋鑒真，姓淳于氏，廣陵江陽縣人也。總丱俊明，器度宏博，能典謁矣。隨父入大雲寺，見佛像，感動夙心，因白父求出家。父奇其志，許焉。登便就智滿禪師，循其獎訓。屬天后長安元年詔於天下度僧，乃為息慈配住本寺，後改為龍興。殆中宗孝和帝神龍元年，從道岸律師受菩薩戒。景龍元年，詣長安。至二年三月二十八日，於實際寺依荊州恒景律師邊得戒。雖新發意，有老成風，觀光兩京，名師陶誘。三藏教法，數稔該通，動必研幾，曾無矜伐。言旋淮海，以戒律化誘，鬱為一方宗首。冰池印月，適足清明，貌座揚音，良多響答……

（據《宋高僧傳》卷十四《明律》）

唐京師安國寺如淨

釋如淨，不詳何許人也。甫參法位，當納戒津，明練毗尼，砥礪名節，時恒講勖，徒侶雲屯。辭筆偕長，博達儒典。先是關中行智首律師《四分律疏》，魏郡法礪律師著疏別行。爾時關輔河北，各競宗派，微似參辰。隋末唐初，道宣律師以《首大疏》為本，造《刪補律鈔》三卷，稍為會要，行事逗機。貞觀已來，三輔、江、淮、岷蜀多傳唱之。次裝三藏弟子懷素者，先習鈔宗，後委棄宣礪之學，於咸亨年中別述《開四分律記》，後號新章歟。至代宗大曆中，新章舊疏，互相長短。十三年敕，集三宗律匠，重定二家隆殺，時淨推為宗主，語在《圓照傳》。至建中二年，奏二疏並行，淨之力也。蓋以國相元公載篤重素公，崇其律教，乃命淨為新疏主作傳焉。

（據《宋高僧傳》卷十五《明律》）

唐京兆安國寺乘如

釋乘如，未詳氏族。精研律部，頗善講宣，繩準緇徒，罔不循則。代宗朝翻經，如預其任。應左右街臨壇度人，弟子千數。先是五眾身亡，衣資什具悉

入官庫，然歷累朝，曷由釐革。如乃援引諸律，出家比丘生隨得利，死利歸僧，言其來往來無物也。比丘貪畜自茲而省者，職由於此。今若歸官，例同籍沒。前世遺事，闕人舉揚。今屬文明，乞循律法，斷其輕重。大曆二年十一月二十七日敕下，今後僧亡物隨入僧，仍班告中書門牒，天下宜依。如之律匠，非上訓二眾而已，抑亦奮內眾之遺事。立功不朽，如公是乎。終西明、安國二寺上座，有文集三卷。圓照鳩聚流佈焉。

（據《宋高僧傳》卷十五《明律》）

唐京師安國寺藏用

釋藏用，不詳何許人也。從其拔俗，依棲嵩山空公為師。及乎年當應法，即於汾川炬律師所受上品形俱法。登詣洛中業公講肄，研核律文，循其奧妙，無所不臻。泊聞有禪觀之學，遂登廬陟霍，涉漢泛湘，望雙峰之叢林。又歸，開法京輦，道既精粹，訓且均敷，藹然為物楷模，向風宗重。當建中中，已全三十許臘。尋應詔充臨壇首席，相繼度弟子越多。及居東城化塔，乃代宗之邸第也，推用主其綱任。苾芻至息慈，皆遵畏愛焉。席熊延客，揮塵開談，指衡山石也，有以識前身，傳曹溪鉢也，有以知後際。是以門多長者之轍，室滿度人之籌，益物良深，坐鎮雅俗。貞元中，左司正郎王銅、南臺崔公繼和之。如是數公將議標題，兵部正郎程浩作都序，職方正郎知制誥吳通微書之。四年戊辰歲也。用公長於律學，急護任持，為上都之表則也。

（據《宋高僧傳》卷十五《明律》）

唐朔方龍興寺辯才

釋辯才，姓李氏，襄陽人也。母氏妊之，倏惡葷血，冥然一食，虛淡終辰。及其誕彌，異香盈室，宗黨怪焉。七歲依峴山寂禪師出家，厥長者明記：每受經法，必以等身為限。字不重問，義不再思，師甚器之。年十六，遂削髮，隸本州大雲寺。次乃周遊列郡，登陟名山，就荊州玉泉寺納具戒。聞長安安國寺懷威律師、報恩寺義頒律師，法門具瞻，師資表率，遂伏膺請業。有疑必決，無義不通，廁於二宗，推為上首。天寶十四載，玄宗以北方人也，稟剛氣，多詭風，列剎之中，餘習騎射，有教無類，何可止息。詔以才為教誡，臨壇度人。至德初，肅宗即位。是邦也宰臣杜鴻漸奏才住龍興寺，詔加朔方管

內教授大德。俾其訓勵，革獫狁之風，循毗尼之道，覆命為國建法華道場。及駕回，既復兩京，累降璽書，未塗尤於大乘頓教留心。永泰二年，賊臣僕固懷恩外招誘蕃戎，內蠱金革。才勸勉毳裘，不誅華族。大曆三載，追入充章信寺大德。時府帥虢國常公素仰才名，與護戎任公，時親道論。十三年冬現身有疾，至暮冬八日，垂誡門徒已，安坐繩床，默然歸滅，春秋五十六。越已未歲二月遷神於寺內西北隅。先是有邑子石顒從役於城上，其夜未渠，聞管絃之聲自西至。乃天樂也，異香從空散下，則生淨方之兆也。

才自長安而旋於塞上，既受虢公知遇，大營福業，成此精廬，皆才之敦勸矣。敕諡大師曰能覺，仍賜紫衣一副，追遠之榮，聲聞塞外。天復中，廷尉評王儋為碑頌德云。

（據《宋高僧傳》卷十六《明律》）

唐京兆聖壽寺慧靈

釋慧靈，未詳何許人也。幼脫塵機，勤從誦習，及當應法，戒品方圓，銳意毗尼，探賾持犯，以行副解，心口相符。由是講訓，名望翕如也。人皆奉畏，神明如也。大中七年，宣宗幸莊嚴寺，禮佛牙，登大塔，宣問耆年，乃賜紫衣。其年六月，敕補靈為新寺上座矣。帝望寺西北廢總持寺，乃下敕曰：「朕以政閒賞景，幸於莊嚴，其寺復殿重廊，連甍比棟。幽房秘宇，窈窕疏通，密竹翠松，垂陰擢秀，行而迷道，天下梵宮，高明寡匹。當建之時，以京城西崑明池勢微下，乃建木浮圖，高三百尺。藩邸之時，遊此伽藍，睹斯勝事。其總持寺，大業中立規制，與莊嚴寺正同，今容像則毀，忍草隨荒，香徑蕪侵，尚存基址。其寺宜許重建，以副予心。」三月十一日，令三教首座辯章勾當修寺，及畢工，推靈為綱任，崇聖寺賜紫睿川充寺主，福壽寺臨壇大德賜紫玄暢充都維那。靈居寺職，清眾咸序，帝所欽重。寺中常貢梨華蜜，其色白，其味愈常，蠟房所取者。靈居新寺終矣。究其靈公如曾預代宗永泰中參譯證義，則可年百奇歲矣。如不見不空、良賁，乃春秋夏臘無理知焉。

（據《宋高僧傳》卷十六《明律》）

唐吳郡嘉禾靈光寺法相

釋法相，姓俞氏，吳長水人也。天寶中誕育，為嬰兒卓異。七歲投師，受經法三浹旬，誦通《法華》全部。弱冠往長安安國寺，得滿足戒，即人歷中

也。便於上京，習毗尼道，諸部同異，無不該綜，涉十一載，蔚成其業。傳法東歸⋯⋯

（據《宋高僧傳》卷十六《明律》）

唐京師大莊嚴寺威秀

釋威秀，不知何許人也。博達多能，講宣是務，志存負荷，勇而有儀。其於筆語談張，特推明敏。無何，天皇即位，龍朔二年四月十五日敕勒僧道咸施俗拜。時則僧徒惶惑，罔知所裁。秀嗟教道之中微，歎君玉之慢法，乃上表稱沙門不合拜。徵引諸史，爰歷累朝抑挫，朝才發令，夕又改圖，皆非遠略也。方引經律論以為量果，詞皆婉雅，理必淵明。如云故出家不存家人之禮，出俗無沾處俗之儀，其道顯然，百代不易之令典也。表上，敕百官集中臺都議其事。時朝宰五百三十九人請不拜，三百五十四人請拜。時大帝至六月敕不拜君而拜父母，尋亦廢止。秀之為法，實謂忘身乎！抗表之際，當年四月二十一日也。時京邑僧等二百餘人往蓬萊宮，申表上請。時相謂秀等曰：「敕令詳議，拜否未定，可待後集。」秀等乃退。於是大集西明寺，相與謀議，共投啟狀，聞諸達官貴戚，若救頭然。時宣律師上雍州牧沛王啟，別上榮國太夫人啟等。秀之批鱗，所謂以身許法也。

（據《宋高僧傳》卷十七《護法》）

唐京兆魏國寺惠立

釋惠立，本名子立，天皇改為惠立，俗姓趙氏，天水人也。遠祖因官徙寓新平，故為豳人焉。爰祖及父，俱馳高譽。立即隋起居舍人司隷從事毅之第三子也。生而岐嶷，有棄俗之志。年十五，貞觀三年出家，住豳州昭仁寺，此寺即破薛舉之戰場也。立識敏才俊，神清道邁，習林、遠之高風，有肇、融之識量。聲譽聞徹，敕召充大慈恩寺翻經大德，次補西明寺都維那，後授太原寺主，皆降綸旨，令維寺任。天皇之代，以其博考儒釋，雅著篇章，妙辯雲飛，益思泉湧，加以直詞正色，不憚威嚴，赴火蹈湯，無所屈撓。頻召入內，與黃冠對論。皆愜帝旨，事在別傳。

立以玄奘法師求經印度，若無紀述，季代罕聞，遂撰《慈恩三藏行傳》，未成而卒，後廣福寺沙門彥悰續而成之，總十卷。故初題云沙門惠立本、釋

彥悰箋是也。立削藁雲畢，慮遺諸美，遂藏諸地府，世莫得聞。爾後臨終，令門侍掘以啟之，將出，乃即終焉。

初立見尚醫奉御呂才妄造《釋因明圖注》三卷，非斥諸師正義。立致書責之，其警句有云：奉御於俗事少間，遂謂真宗可了，何異乎鼷鼠見釜窖之堪陟，乃言昆丘之非難；蛛蝥睇棘林之易羅，亦謂扶桑之可網。不量涯分，何殊此焉。才由茲而寢。太常博士柳宣聞其事息，乃歸，信以書檄翻經僧眾云：其外禦其侮，釋門之季路也。

（據《宋高僧傳》卷十七《護法》）

唐金陵鍾山元崇

釋元崇，俗姓王氏，琅琊臨沂人也，晉丞相始興文獻公子薈之後……

至德初，並謝絕人事，杖錫去郡，歷於上京，遍奉明師，棲心閒境，罕交俗流。遂入終南，經衛藏，至白鹿，下藍田，於輞川得右丞王公維之別業。松生石上，水流松下，王公焚香靜室，與崇相遇，神交中斷。於時天地未泰，豺狼構患，朝賢國寶，或在蒿軸。起居蕭舍人昕與右丞諸公，並碩學雄才，尊儒重道，偶茲一會，抗論彌日，鉤深索隱，襟期許與。王蕭歎曰：「佛法有人，不宜輕議也矣。」

及言旋河洛，登陟嵩少，懷達磨之旨要，得《華嚴》之會歸，聲價漸高，衣冠羨仰。京師名德咸請住持。志在無為，翛然不顧。乃放浪人世，追蹤道流，考盤靈蹤，遂東適吳越天台、四明……

（據《宋高僧傳》卷十七《護法》）

唐京兆大安國寺利涉

利涉者，本西域人也，即大梵婆羅門之種姓。夙齡彊志，機警溢倫，宗黨之中，推其達法。欲遊震旦，結侶東征，至金棱嶺，遇玄奘三藏，行次相逢，禮求奘度。既而群經眾論，鑿竅通幽，特爾遠塵，歸乎正道，非奘難其移轉矣。奘門賢哲輻湊，涉季孟於光、寶之間。其為人也，猶帛高座之放曠。中宗最加欽重，朝廷卿相感義與遊。開元中，於安國寺講《華嚴經》，四眾赴堂，遲則無容膝之位矣。檀施繁熾，利動人心。

有潁陽人韋玎，垂拱中中第，調選河中府文學，遷大理評事秘校。見涉講筵幣帛堆積，就乞選糧，所獲未厭。表請釋道二教定其勝負，言釋道蠧政

可除。玄宗詔三教各選一百人，都集內殿，韋玎先陟高座，挫葉靜能及空門思明，例皆辭屈。涉次登座，解疑釋結，臨敵有餘，與韋往返百數千言，條緒交亂，相次抗之，棼絲自理，正直有歸。涉重問韋曰：「子先登席，可非主耶，未審主人何姓？」玎曰：「姓韋。」涉將韋字為韻，揭調長吟。偈詞曰：我之佛法是無為，何故今朝得有為，無韋始得三數載，不知此復是何韋。涉之吟作，百官悚然。帝果憶何韋之事，凜然變色曰：「玎是庶人宗族，敢爾輕懷朕玄元祖教，及凌轢釋門。」玎下殿，俯伏待罪，叩頭：「臣非庶人之屬。」涉貴其鉗利口以解疏狂，奏曰：「玎是關外之人，非玄貞之族類。」敕貶象州，百姓賜涉錢絹，助造明教寺，加號明教焉。二教重熙，涉之力也。因著《立法幢論》一卷。公卿間有言曰：「涉公是韋掾之膏肓也。」涉曰：「此舉也，矢在弦上，不得不發。」自此京城無不改觀，言談講者，以涉為最焉。

晚節遭其譴謫漢東，尋屬寬宥，移徙南陽龍興寺。時惠忠國師知重涉名，聊款關相謁，曰：「納衣小僧向前，某被門徒朝要連坐於此，適觀師當有貴氣，可作高道國德，勿同吾也。」乃開篋提衣物，令忠師曳婁，由此襄鄧之人皆驚涉如此懸記，忠師道聲又光闡焉，蓋涉望重之故也。上元二年，詔忠師入供養。肅宗時入宮起居，太上皇，乃引忠見上皇曰：「此人何如利涉？」則知涉才業優長，帝王器重，復多著述。大曆中西明寺翻經沙門圓照撰涉《傳成》，一十卷。足知言行之多也矣。

（據《宋高僧傳》卷十七《護法》）

唐京師章信寺崇惠

釋崇惠，姓章氏，杭州人也。稚秕之年，見乎器局，鶖鳥難籠，出塵心切。往禮徑山國一禪師為弟子，雖勤禪觀多，以《三密教》為恒務。初於昌化千頃最峰頂結茅為庵，專誦《佛頂咒》數稔。又往鹽官硤石東山，卓小尖頭草屋，多歷年月。復誓志於潛落雲寺遁跡，俄有神白惠曰：「師持佛頂少，結莎訶，令密語不圓。莎訶者，成就義也。今京室佛法為外教凌轢，其危若綴旒，待師解救耳。」惠趨程西上，心亦勞止，擇木之故，於章信寺掛錫，則大曆初也。

三年戊申歲九月二十三日，太清宮道士史華上奏，請與釋宗當代名流角佛力道法勝負。於時代宗欽尚空門，異道憤其偏重，故有是請也。遂於東明觀壇前架刀成梯，史華登躡如常磴道焉。時緇伍互相顧望推排，且無敢躡者。

惠聞之，謁開府魚朝恩，魚奏請於章信寺庭樹梯，橫架鋒刃，若霜雪然，增高百尺。東明之梯極為低下。時朝廷公貴、市肆居民，駢足摩肩而觀此舉。時惠徒跣登級下層，有如坦路，曾無難色。復蹈烈火，手探油湯，仍餐鐵葉，號為餺飥，或嚼釘線，聲猶脆飴。史華怯懼慚惶，掩袂而退。時眾彈指歎嗟，聲若雷響。帝遣中官鞏庭玉宣慰再三，便齎賜紫方袍一副焉。詔授鴻臚卿，號曰護國三藏，敕移安國寺居之。自爾聲彩發越，德望峻高。代宗聞是國一禪師親門高足，倍加鄭重焉。世謂為巾子山降魔禪師是也。

（據《宋高僧傳》卷十七《護法》）

唐京兆福壽寺玄暢

釋玄暢，字申之，俗姓陳氏，宣城人也。暢爰在弱齡，便持異操，戲則聚沙為塔，摘葉為香。年九歲，於涇邑水西寺依清逸上人，教授經法。年十九，削髮。二十歲，往福州兜率戒壇受具足戒，聽掇律科，深得宗旨。新繪細縷，一染色佳，而往越中求聞異說。仰京室西明寺有宣律師舊院，多藏毗尼教跡，因棲惠正律師法席。自入京華，漸萌頭角，受京城三學大德，益廣見聞。方事講談，遘鐘埏厄，則會昌廢教矣。時京城法侶頗甚彷徨，兩街僧錄靈宴、辯章，同推暢為首，上表論諫。遂著《歷代帝王錄》，奏而弗聽。由是例從俗服，寧弛道情，龍蛇伏蟄而待時，玉石同焚而莫救。殆夫武皇厭代，宣宗在天，壞戶重開，炎崗息燄。暢於大中中，凡遇誕辰，入內談論，即賜紫袈裟，充內外臨壇大德。懿宗欽其宿德，蕃錫屢臻。乃奏修《加懺悔一萬五千佛名經》，又奏請《本生心地觀經》，一部八卷，皆入藏。暢時充追福院首領，又充總持寺都維那，尋署上座。暢講律六十座，度法者數千人，撰《顯正記》一十卷，《科六帖名義圖》三卷，《三寶五運》三卷，雖祖述舊聞，標題新目，義出意表，文濟時須。乾符中，懿宗簡自上心，特賜師號曰法寶。二年三月二十一日示滅，俗齡七十九，僧臘五十九。弟子賜紫惠柔大德師遂宗紹，以其年四月二十五日窆於長安邑高陽鄉小梁村。四年丁酉歲，尚書禮部侍郎崔沆與暢交分殊深，著碑述遺跡焉。

（據《宋高僧傳》卷十七《護法》）

唐泗州普光王寺僧伽

釋僧伽者，蔥嶺北何國人也……中宗孝和帝景龍二年，遣使詔赴內道場，

帝御法筵言談，造膝占對，休咎契若合符。仍褒飾其寺曰普光王。四年庚戌示疾，敕自內中往薦福寺安置。三月二日儼然坐亡，神彩猶生，止瞑目耳。俗齡八十三，法臘罔知……

昔在長安，駙馬都尉武攸暨有疾，伽以澡罐水噀之而愈，聲振天邑。後有疾者告之，或以柳枝拂者，或令洗石師子而瘳，或擲水瓶，或令謝過。驗非虛設，功不唐捐。卻彼身災，則求馬也，警其風厄，則索扇歟。或認盜夫之錢，或咋黑繩之頸，或尋羅漢之井，或悟裴氏之溺，或預知大雪，或救旱飛雨，神變無方，測非恒度。中宗敕恩度弟子三人，慧岸、慧儼、木叉各賜衣盂……

（據《宋高僧傳》卷十八《感通》）

唐嵩嶽少林寺慧安

釋慧安，姓衛氏，荊州支江人也……麟德元年遊終南山，石壁而止。時所居原谷之間，早霜傷苗稼，安居處獨無。四十里外皆苦青女之災矣。天皇大帝聞而召焉，安不奉詔。永淳二年至滑臺，草亭居止……

殆中宗神龍二年九月，敕令中官賜紫袈裟並絹，度弟子二七人。復詔安並靜禪師入中禁受供施。三年賜摩納一副，便辭歸少林寺……

（據《宋高僧傳》卷十八《感通》）

唐齊州靈巖寺道鑒

釋道鑒，姓馮氏，吳郡人。未知從來，而居歷下靈巖山寺，蹤跡神異，不測僧也。元和中，有馮生者，亦吳郡人也，以明經調選未捷，因僑寄長安。一日見老僧來，詣馮居，謂之曰：「汝吾姓也。」因相與往還，僅於歲餘遂注擬作尉於東越。方務治裝，鑒負錫來告去。馮問：「師去，安所詣乎。」鑒曰：「吾廬在齊州靈巖之西廡下，薄遊神京，至今正十年矣。幸得與子游，今歸舊所，故來相別。然吾子尉於越鄉，道出靈巖寺下，當宜一訪我也。」馮諾之曰：「謹受教矣。」數日，馮出關東之赴任，至靈巖寺門……。

（據《宋高僧傳》卷十八《感通》）

唐武陵開元寺慧昭

釋慧昭，未詳何許人。其為僧也，性僻而高，恒修禪定，貌頗衰羸，好言人之休戚，而皆必中。與人交言，且不馴狎。閉關自處，左右無侍童。每日乞

食，里人有八十餘者云：「昭居此六十餘年，其容貌無異於少時昔日也。」但不知其甲子……

又聞後主（即隋後主）及諸王皆入長安，乃率沈挈一囊乞食於路，以至關中。吾長沙王之故客也，恩遇甚厚，聞其遷往瓜州，則徑往就謁。長沙王長於綺紈而早貴盛，雖流放之際，尚不事生業。時方與沈妃酣飲。吾與沈再拜於前，長沙悲慟，久之瀝泣而起，乃謂吾曰：「一日家國淪亡，骨肉播遷，豈非天乎。」吾自此且留晉昌，氐羌之塞。數年而長沙殂，又數年彥文亡，吾因剔髮為僧，遁跡會稽山佛寺，凡二十年，時已百歲矣。雖容體枯瘠，而筋力不衰，尚日行百里。因與一僧同至長安，時唐高祖已有天下，建號武德。至六年，吾自此或居京洛，或遊江左，至於三蜀，五嶺無不住焉，殆今二百九十年矣……

（據《宋高僧傳》卷十八《感通》）

唐京兆法海寺道英

釋道英，不知何許人也。戒德克全，名振天邑，住寺在布政坊。咸亨中見鬼物，寺主慧簡嘗曰：「曉見二人行不踐地，入英院焉。」簡怪而問之，英曰：「向者秦莊襄王使使傳語：饑虛甚久，以師大慈，欲望排食並從者三百人，勿辭勞也。吾以報云：後日曉具饌，可來專相候耳。」簡聞之言，以酒助之及期果來，侍從甚嚴，坐食倉黃，謂英曰：「弟子不食八十年矣。」英問其故，答曰：「吾生來不無故誤，其如滅東周，絕姬祀。或責以功德，吾平日未有佛法可以懺度，唯以赦宥矜恤煢獨塞之，終為未補。以福少罪多，受對未畢。今此一餐，更四十年方復得食。」因歷指座上云：「此是白起、王翦，為殺害多，罪報未終。」又云：「此陳軫，以虛詐故。」英曰：「王何不從人索食而甘虛腹，此奚可忍乎。」王曰：「慈心人少，餘人不相見，吾緣貴人，不可妄行崇禍，所以然也。」英指酒曰：「寺主簡公將獻。」深有所愧。垂去謂英曰：「甚感此行傷費釃飫，可知弟子有少物即送相償。城東通化門外尖冢，以其銳上而高大，是吾棲神之所。世人不知，妄云呂不韋墓耳。」英曰：「往遭赤眉開發，何有物來？」曰：「賊取不得。」英曰：「貧道非發丘中郎，是出家人，無用物所，必勿將來。」言訖，長揖而去。英感下趣如此，罔知終畢。

（據《宋高僧傳》卷十八《感通》）

唐京兆法秀

釋法秀者，未詳何許人也。居於京寺，遊遊咸鎬之間，以勸率眾緣，多成善務，至老未嘗休懈。

開元末，夢人云：「將手巾袈裟各五百條，可於迴向寺中布施。」覺後問左右，並云無迴向寺。及募人製造巾衣，又遍詢老舊僧俗，莫有此伽藍否。時有一僧，形質魁梧，人都不識，報云：「我知迴向寺處。」問要何所須並人伴等，答曰：「但齎所施物，名香一斤，即可矣。」遂依言授物，與秀偕行。其僧徑入終南山，約行二日，至極深峻，初無所睹。復進程，見碾石一具，驚曰：「此人跡不到，何有此物。」乃於其上，焚所齎香，再三致禮，哀訴從午至夕。谷中霧氣彌浸，咫尺不辨，逡巡開霽，當半崖間有朱門紛壁，綠牖琁題，剎飛天矯之旛，樓直觚稜之影。少選，見一寺，分明雲際，三門而懸巨牓曰迴向寺。秀與僧喜甚，攀陟遂到，時已黃昏，而聞鍾磬唱薩之聲。門者詰其所從，遲回引入，見一老僧，慰問再三，倡言曰：「唐皇帝萬福否。」處分令別僧相隨，歷房散手巾袈裟，唯餘一分。指一房空榻無人，有衣服坐席，似有所適者。既而卻見老僧，若綱任之首曰：「其往外者當已來矣。」其僧與秀復欲至彼授手巾等，一房但空榻者，亦無人也。又具言之，者僧笑令坐，顧彼房內取尺八來，至乃玉尺八也。老僧曰：「汝見彼胡僧否。」曰：「見已。」曰：「此是將來權代汝主者，京師當亂，人死無數。此胡名磨滅王。其一室是汝主房也。汝主在寺，以愛吹尺八，罰在人間，此常所吹者也。今限將滿，即卻來矣。」明日遣就齋，齋訖曰：「汝當回，可將此尺八並袈裟、手巾，與汝主自收也。」秀禮拜而還，童子送出，才數十步，雲霧四合，則不復見寺矣。乃持手巾、袈裟、玉尺八進上，玄宗召見，具述本末。帝大感悅，凝神久之，取笛吹之，宛是先所御者。後數年，果有祿山之禍，秀所見胡僧，即祿山也。秀感其所遇，精進倍切，不知所終。世傳終南山聖寺又有迴向也。

（據《宋高僧傳》卷十八《感通》）

唐長安西明寺惠安

釋惠安，未詳何許人也。神龍中游於京兆，抑多先見。時唐休璟既立邊功，貴盛無比。安往造焉，曰：「相公，甚美必有甚惡。將有大禍，且不遠數月，然可攘去。」休璟素知安能厭勝，諾而拜之。安曰：「更無他術，但奉一計耳。豈非注擬官品，出乎陶治中。請選一有才幹者用為曹州。」因得張君，

本京官，即日升之，宮贊相次作守定陶，委之求二犬，可高數尺而神俊者。張君到任，銳意精求，得二犬如其所求以獻之。休璟大悅，召安視之，曰：「極善。」後旬餘，安卻來曰：「事在今夕，願相君嚴為警備。」遂留安宿。是夜休璟坐於堂之前軒，命左右十數輩執弧操矢，立於榻之隅。休璟與安共處一榻，至夜分。安笑之曰：「相君之禍免矣，可以就寢。」休璟喜而謝之，遂撤左右俱寢。迨曉，安呼休璟可起矣。問安曰：「二犬何所用乎。」遂尋其跡，至園中，見一人仆地而卒，視其頸有血焉，蓋為物所齧者。又見二犬在大木下，仰視之，一人袒而匿身。休璟驚且詰之，其人泣而指死者曰：「某與彼俱賊也，昨夕偕來，欲害相國，蓋遇此二犬，環而且吠。彼為所噬，既殂。某藏匿為地，天網所羅，為犬蹲守，今甘萬死。」且命縛之，曰：「此罪固當死，然非某心也，乃受制於人耳。」乃釋之，賊拜泣而去。休璟拜謝安曰：「非吾師不然，死於二夫之手矣。」安曰：「此相國之福，豈所能為哉。」

又休璟表弟盧軫在荊門，有術士告之曰：「君將有災，當求善禳厭者，或能免矣。」軫知安奇術清行，為時所重，致書於休璟。安即與一書曰：「事在其中耳。」及書達江陵而軫已卒，其家開其書，徒一幅空紙焉，殊無一字。休璟益重之。後數年遁去，罔知所之。

（據《宋高僧傳》卷十九《感通》）

唐西域亡名

釋天竺亡名，未詳何印度人也。其貌惡陋，纏乾陀色縵條衣，穿革屣，曳鐵錫，化行於京輦。當韋南康皋之生也，才三日，其家召僧齋，此僧不速自來。其日僧必歷寺連名請至，韋氏家僮患其長一人甚怒之，以弊席坐於庭中。既而齋畢，韋氏令乳母負嬰兒出，意請眾僧祝願焉。梵僧先從座起，攝衣升階視之，曰：「別久無恙乎。」嬰兒若有喜色相認之意。眾皆異之。韋君曰：「此子才生三日，吾師何言別久也。」梵僧曰：「此非檀越所知也。」韋君固問之，梵僧曰：「此子乃諸葛亮之後身耳。武候鼎國時為蜀丞相，君所知也。緣蜀人受其賜且久，今降生於世，將為蜀帥，必福坤維之人。吾往在劍門，與此子為善友，既知其生於君門，吾不遠而來。此子作劍南節度二十年，官極貴，中書令、太尉。此外非我所知也。」父然之，因以武子為字，又單字武也。

張鎰出為鳳翔隴州節度，奏皋權知隴州。及鎰為李楚琳所殺，牛雲光請

皋為帥。朱泚不得已用皋為鳳翔帥。德宗置奉義軍節以旌之，續加禮部尚書。興元中，駕還京，徵為左金吾衛將軍。貞元元年，為成都尹，代張延賞。到任和南蠻並戰功，封南康郡王。順宗即位，進太尉。南康在任二十一年，末塗甚崇釋氏，恒持數珠誦佛名。所養鸚鵡，教令念經。及死，焚之，有舍利焉。皋又歸心南宗禪道，學心法於淨眾寺神會禪師。在蜀，富貴僭差，重賦斂，時議非之，然合梵僧懸記焉。

（據《宋高僧傳》卷十九《感通》）

唐京兆抱玉

釋抱玉者，行業高奇，人事罕接。每言來事，如目擊焉。見釋子大光而誨之曰：「汝誦經宜高揭法音，徹諸天傾聽，必得神人輔翼。」後皆符其記莂。京邑歸信千計。

每夕獨處一室，闔扉撤燭。嘗有僧於門隙間窺其所以，見玉口中出慶雲，華采可愛。後年可九十許而終。終時方大暑，而屍無萎敗。宰臣第五琦與玉相善，及終，臨喪頗哀。琦以香乳灌其口，隨有祥光自口而出，晃然四照，琦愈奇之。琦乾元二年十月貶忠州刺史。寶應初入為太子賓客，至京尹，玉皆預言榮貴轗軻相半，皆如其言，刻意歸信焉。

（據《宋高僧傳》卷十九《感通》）

唐天台山封幹師

釋封幹師者，本居天台山國清寺也。剪髮齊眉，布裘擁質，身量可七尺餘。人或借問，止對曰：隨時二字而已，更無他語。樂獨舂穀，役同城旦，應副齋炊。嘗乘虎直入松門，眾僧驚懼，口唱《唱道歌》。時眾方皆崇重，及終後，於先天年中在京兆行化，非恒人之常調，士庶見之，無不傾禮。以其躅萬回師之後，微亦相類，風狂之相過之，言則多中……

（據《宋高僧傳》卷十九《感通》）

唐京師大安國寺和和

釋和和者，莫詳氏族本生。其為僧也，狂而不亂，愚而有知，罔測其由。發言多中，時號為聖。安國寺中居住，出入無拘撿。見本寺修營殿閣未就，有

－361－

越國公主降滎陽鄭萬鈞，雖琴瑟相諧，而數年無子。和因至公主家，鈞焚香灑掃以待之。主拜跪歸向，鈞祈告之曰：「某自叨選尚願得一子為嗣，唯師能致之乎。」和曰：「易耳，但遺我三千疋絹，主當誕二男。」鈞勤重如聽佛語，出絹如所求施之。和取付修寺殿閣功德主。乃曰：「主有娠矣，吾令二天人下為公主作兒。所憂者公主不能並妊二子乎？為攣乳包羞耳。吾俾其同年而前後誕之。」果如其言，歲初年末，各生之矣。長曰潛耀，次曰晦明，皆美丈夫，後博涉成事焉。京邑之間傳揚沸渭，量其位地，不可輕議哉。

（據《宋高僧傳》卷十九《感通》）

唐五臺山清涼寺道義

釋道義，江東衢州人也。開元中至台山於清涼寺粥院居止，典座普運柴，負重登高，頗有難色。義將竹鞋一緉轉貿人荷擔，因披三事納衣。東北而行可五里，來於楞伽山下逢一老僧，其貌古陋，引一童子，名字覺一。老僧前行。童子呼請義東邊寺內啜茶去，乃相隨入寺，遍禮諸院。見大閣三層，上下九間，總如金色，閃爍其目。老僧令遣義早還所止，山寒難住。唯諾辭出寺，行及百步回顧，唯是山林，乃知化寺也。卻回長安。大曆元載，具此事由奏寶應元聖文武皇帝，蒙敕置金閣寺，宣十節度助緣。遂召蓋造都料，一僧名純陀，為度土木，造金閣一寺。陀元是西域那爛陀寺喜鵲院僧。寺成後，敕賜不空三藏焉。義不測其終。

（據《宋高僧傳》卷二十一《感通》）

唐吳郡嘉興法空王寺元慧

釋元慧，俗姓陸氏，晉平原內史機之裔孫也……

咸通中，隨送佛中指骨舍利，往鳳翔重真寺。煉左拇指，口誦《法華經》其指不踰月復生如故……

（據《宋高僧傳》卷二十三《遺身》）

唐京兆菩提寺束草師

釋束草師者，無何而至京兆平康坊內菩提寺。其為人也，形不足而神俊，吟嘯自得，罕接時人，且不言名姓。常負束藁，坐臥於兩廊下，不樂住房舍，

或云此頭陀行也。經數年，寺內綱任勸其住房。或有誚其狼藉，曰：「爾厭我邪，世不堪戀，何可長也。」其夕遂以束藁焚身，至明唯灰燼耳，且無遺骸，略盡污塗之臭，又無延燎驚吒之聲。計其少藁，不能焚此全軀。既無子遺，然其起三昧火而自焚也，眾皆稱歎民多觀禮焉。京邑信士遂塑其灰為僧形，置於佛殿偏傍，世號束草師，禱祈多應焉。

（據《宋高僧傳》卷二十三《遺身》）

唐京兆禪定寺慧悟

釋慧悟，未詳氏族。隱太白山中，持誦《華嚴經》，服餌松木。忽於一時見一居士來雲相請，居士騰身入空，令悟於衣襟中坐，攝以飛行。至一道場，見五百異僧翔空而至，悟奄就末行。居士語曰：「師受持華嚴是佛境界，何得於小聖下坐。」遂卻引於半千人之上。齋訖，居士曰：「本所齋意在師一人，雖有五百羅漢來食，皆臨時相請耳。」齋訖，遂送還本處，有如夢覺。即高宗永徽年中也。

（據《宋高僧傳》卷二十四《讀誦》）

唐京兆大慈恩寺明慧

釋明慧，不知何許人也。簡默恭己，約志韜明，耐乎寒餒，誓求大乘。精進之鎧介躬，睡眠之魔退跡，是以初中後夜念誦經行。時玄奘三藏在京兆北坊鄜玉華宮翻《大般若經》畢，麟德元年示滅。其夜子時，慧旋繞佛堂，忽見北方有白虹四道從北亙南，橫跨東並，直勢貫慈恩塔院，歷歷分明。慧心怪焉，即自念曰：「昔如來滅度，白虹十二道，從西貫於太微，於是有雙林之滅。今有此相，將非玉華法師有無常事邪。」申旦向眾述其所見，眾咸怪之。至九日，凶問至京，正符所見。慧彌增篤勵，老而無懈，未知終所。

（據《宋高僧傳》卷二十四《讀誦》）

唐上都青龍寺法朗

釋法朗，姑蘇人也。稟質溫潤，約心堅確，誦《觀音明咒》，神效屢彰。京闕觀光，人皆知重。龍朔二年，城陽公主有疾沉篤，尚藥供治，無所不至。公主乃高宗大帝同母妹也，友愛殊厚，降杜如晦子荷。荷死，再行薛瓘。既疾

綿困，有告言朗能持祕咒，理病多瘳。及召朗至，設壇持誦，信宿而安，賞賚豐渥。其錢帛珍寶，朗回為對面施。公主奏請改寺額曰觀音寺，以居之。此寺本隋靈感寺，開皇三年置。文帝移都，多掘城中陵園冢墓，徒葬郊野，而置此寺。至唐武德四年廢，至此更題額。朗尋終於此寺焉。

（據《宋高僧傳》卷二十四《讀誦》）

啟芳、圓果

時有啟芳法師、圓果法師，於藍田縣悟真寺一夏結契，念阿彌陀佛，共折一楊枝於觀音手中，誓曰：「若得生佛土者，願七日不萎。」至期鮮翠也⋯⋯

（據《宋高僧傳》卷二十四《讀誦》之《僧炫傳》）

唐鳳翔府開元寺元皎

釋元皎，靈武人也。有志操，與眾不群，以持明為己務。天寶末，玄宗幸蜀，肅皇於靈武訓兵，計克復京師，為物議攸同，請帝即位，改元至德。及二年返轅，指扶風，帝素憑釋氏，擇清尚僧首途，若祓除然。北土西河所推，皎應其選，召入受敕旨，隨駕仗內赴京。尋敕令皎向前發，至於鳳翔，於開元寺置御藥師道場。更擇三七僧，六時行道，然燈歌唄，贊念持經，無敢言疲，精潔可量也。忽於法會內生一叢李樹，有四十九莖，具事奏聞，宣內使驗實。帝大驚喜曰：「此大瑞應。」四月十八日，檢校御藥師道場念誦僧元皎等表賀，答敕曰：「瑞李繁滋，國之興兆。生在伽藍之內，足知覺樹之榮。感此殊祥，與師同慶。」皎之持誦，功能通感，率多此類。加署內供奉焉。

（據《宋高僧傳》卷二十四《讀誦》）

唐湖州法華寺大光

釋大光，俗姓唐氏，生於邑之安吉也。母梅氏寄孕而夢協靈祥，在娠乃惡葷臭焉。既誕能言，不為戲弄。未齔之歲，思求佛乘矣。願念《法華》，三月通貫，經聲一發，頑鄙革心。及遂出家，而尋登戒，西遊京邑，朝見肅宗。帝召對禁中，拱而歎曰：「昔夢吳僧，口持大乘，五光隨發，音容宛若，適朕願兮。」因賜名大光。屬帝降誕節，齋于定國寺，因賜墨詔，許天下名寺意往者住持。令中官趙溫送於千福寺住持經道場。其誦經作吳音，遼遼通於聖聽，

帝甚異其事，令中官而宣諭焉。

後居藍田精舍，先期而寺僧夢天童來降，曰：「大光經聲通於有頂。」光一日宴坐，自見神手從天而下撫其心，乃憶先達抱玉大師嘗志斯言，令高其法音，當有神之輔翼。又別夕夢神僧乳見於心，命光口吮，自爾功力顯暢，形神不勞。又尋山探幽，偶墜窮谷，龍泉莫測，淪溺其間，心靈了然，都無惑亂。因思本經《多寶塔》，為誠願持此支品十萬遍，恍然奮身脫泉，若有神捧焉。

後詔住資聖等，此寺趙國公長孫無忌宅，龍朔二年為文德皇后追福造。長安七年，遭火蕩盡，唯於灰中，得數部經，不損一字。以事奏聞，百姓捨施，數日之間，已盈鉅萬，遂再造其寺。光覽此經，倍加精進。後以偏感有親在吳，未答慈力，表乞歸省養，詔旨未允。遂生有妄之疾，策蹇強力，將投於淵。驢伏不前，群烏拂頂，心既曉覺，疾亦隨瘳。乃以經頂荷行道，忽有詔許還……

（據《宋高僧傳》卷二十四《讀誦》）

唐梓州慧義寺清虛

釋清虛，姓唐氏，梓州人也。立性剛決，桀點難防，忽迴心長誦《金剛般若》。三業偕齊，無有懈怠。嘗於山林持諷，有七鹿馴擾，若傾聽焉，聲息而去。又鄰居失火，連甍灰燼，唯虛之屋，飆焰飛過，略無焦灼。

長安二年，獨遊藍田悟真寺上方北院，舊無井泉，人力不及，遠取於澗，挈瓶荷甕，運致極勞。時華嚴大師法藏聞虛持經靈驗，乃請祈泉。即入彌勒閣內焚香，經聲達旦者三，忽心中似見三玉女在閣西北山腹，以刀子剫地，隨便有水。虛熟記其處，遂趨起掘之，果獲甘泉，用之不竭。四年，從少林寺坐夏山頂……

（據《宋高僧傳》卷二十五《讀誦》）

唐京兆大興善寺守素

釋守素者，立性高邁，與群不同。居京興善寺恒以誦持為急務。其院幽僻，庭有青桐四株，皆素之手植。元和中，卿相多遊此院。青桐至夏，中無何發汗，頗污人衣，如輭脂焉，而不可浣。時相國鄭公絪嘗與丞郎數人避暑，且惡其滴瀝，謂素曰：「弟子為師伐此樹，各植一松，可乎？」及暮，素戲咒之曰：「我種汝二十餘年，汝以汗之淋瀝為人所惡，同惡木之，不可休其下也，

來歲若然，我必薪之。」自爾絕蹤矣。

素誓不出院，誦《法華經》三萬七千部。夜恒有貉子馴擾，來聽經。齋時則烏鵲就掌取食。他僧以食誘，群羽皆驚噪而逝。長慶初，有僧玄幽題此院云：「三萬蓮經三十春，半生不踏院門塵。」當時以為住句也。素之終代，罔得詳焉。

（據《宋高僧傳》卷二十五《讀誦》）

唐陝府法照

釋法照，不知何許人也。立行多輕率，遊方不恒。長慶元年，入逆旅避雨，逡巡轉甚泥淖，過中時乞食不得。乃咄遣童子買殽肉，煮夾胡餅數枚，粗食略盡，且無恥愧，旁若無人。客皆訶罵，少年有欲驅者。照殊不答。至夜，念《金剛經》，本無脂燭，一室盡明，異香充滿。凡二十一客皆來禮拜謝過，各施衣物。照踞坐若無所睹。後不知終所。

（據《宋高僧傳》卷二十五《讀誦》）

唐上都大溫國寺靈幽

釋靈幽，不知何許人也。僻靜淳直，誦習惟勤。偶疾暴終，杳歸冥府。引之見王，問：「修何業？」答曰：「貧道素持《金剛般若》，已有年矣。」王合掌屢稱善哉，俾令諷誦。幽吮唇播舌，章段分明。念畢，王曰：「未盡善矣，何耶？勘少一節文，何貫華之線斷乎？師壽命雖盡，且放還人間十年，要勸一切人受持斯典。如其真本，即在濠州鍾離寺石碑上。」如是已經七日而蘇。幽遂奏奉敕令寫此經真本，添其句讀，在「無法可說是名說法」之後是也。

（據《宋高僧傳》卷二十五《讀誦》）

周京師法成

釋法成，本姓王，名守慎，官至監察御史。屬天后猜貳，信酷吏羅織，乃避法官，乞出家為僧。苦節勤於化導，聲發響隨，行高質直。長安中，於京兆西市疏鑿大坎，號曰海池焉，支分永安渠以注之，以為放生之所。池上佛屋經樓，皆成所造。穿池之際，獲古石，銘云：「百年為市，而後為池。」自隋朝置都立市，至於時正一百年矣。儀鳳二年，望氣者云：「此坊有異氣。」敕

掘之，得石函，函內貯佛舍利萬餘粒，光色粲爛而堅剛。敕於此處造光宅寺，仍散舍利於京寺及諸州府各四十九粒。武后於此始置七寶臺，遂改寺額，成公居之。行其激勸，多以崇福為己任焉。

（據《宋高僧傳》卷二十六《興福》）

唐上都青龍寺光儀

釋光儀，姓李氏，本唐宗室也。父琅琊王與越王起兵，欲復本朝，中興帝道，不克，天后族誅之，而無噍類。儀方在襁褓中，乳母負之而逃。後數年，則天竊聞琅琊有子在民間，購之逾急。乳母將至扶風界中，鬻女工以自給。儀年八歲，狀貌不群，神悟超拔。乳母疑遭貌取而敗，且極憂疑。乃造布襦，置錢於腰腹間，於桑林之下，告之令去，「敕搜不慢，吾慮俱死，無益於事。汝聰穎，必可自立，或一旦富貴，無忘老姥。」言訖對泣。儀慟不自勝。乳母從此而逝矣。儀茫然行至逆旅，與群兒戲。有郡守夫人往夫所住處，方息，俱此見儀群聚，且貌俊爽，因而憐之。召謂之曰：「郎君家何在，而獨行至此。」儀紿之曰：「莊鄰於此，有時間戲耳。」夫人食之，又給之錢，乃解衣而內其錢。日暮尋逕，而去擬投村墅，遇一老僧，呼曰：「爾小子，汝今一身，家已破滅，將奚所適。」儀驚愕佇立，老僧又曰：「出家閒曠，且無憂畏，小子欲之乎。」儀曰：「素所願也。」老僧因攜其手至大樹陰，令禮十方佛，歸依常住佛法僧已，因削其髮。又出袈裟以披服之，小大稱其體。其執持收掩，猶如幾夏比丘。老僧喜曰：「此習性使然，善持僧行。」遂指東北曰：「去此數里有伽藍，汝直詣彼，謁寺主云，我使汝為其弟子也。」言畢，老僧欻然亡矣，方知聖僧也。儀如言趨彼，寺主駭其言，因留之。經十年許，儀已洞明經律，善其禪觀。而屬中宗即位，唐室復興，敕求琅琊王後，儀方向寺僧言之。時眾大駭，因出詣扶風李使君，即儀之諸父也。見之悲喜，乃舍之於家，方以狀聞，固請不可。使君有女，年齒相侔，一見儀而心悅，願致情曲。儀恐懼而避焉。他日會使君夫人出，其女靚妝麗服，從者越多，來而逼之。儀固拒百端，終不屑就，紿之曰：「身不潔，請沐浴待命。」女許諾，方令具湯沐，女出，因閉關。女還排戶，既不得入，自牖窺之，方持削髮刀，顧而言曰：「有於此根，故為欲逼，今若除此，何逼之為？」女懼止之，不可，遂斷其勢，投之於地。儀亦悶絕，戶既不開。俄而使君、夫人俱到，女實情具告，遂破戶視之，漸蘇。命醫工昇歸蘦室，以火燒地，苦酒沃之，坐之於上，以膏傅之。月餘瘡愈。使君奏儀是琅琊王子。

有敕命驛置至京，引見慰問，憂齎豐洽，詔襲父爵。儀懇讓，誓願為僧，確乎不拔。中宗敕令領徒，任置蘭若，自恣化方。儀性好終南山，因居法興寺。於諸谷口造庵僚蘭若，凡數十處，率由道聲馳遠，談說動人。或山行十里間，緇素侍者常數千百人，迎候瞻待，甚於權要卿相焉。

儀恒居寂定，或言將來事，以決吉凶，必無差忒，人益歸之。開元二十三年六月二十三日，先囑累弟子：「當謹護身口，勿事誼嘩。祖師意無別事，靜則真法現前。此外提唱，皆不獲已。」言極激切。因北首而臥，枕肱右脅著席而亡，此大涅槃之表兆也。遺言令葬於少陵原南，乃鑿原成室而封之。柩之發也，異香芬馥，狀貌如生。祖車出城，白鶴數百鳴唳空中，彩雲依約，覆車數十里。道俗號咷，多持孝服。所葬之地，遂建天寶寺，弟子皆留而守之。

（據《宋高僧傳》卷二十六《興福》）

唐京兆荷恩寺文瓚

釋文瓚，姓張氏，晉陽人也。天姿整恪，幼事師於并州崇福寺。學該群籍，控帶三乘。至若金版銀繩之籙，龍韜象秘之文，罔不穮耘情田，波濤口海，宣暢皇化，對揚天休，一皆悅服。詔為翻譯，並河南佛授記寺兼京兆安國、荷恩、崇福等寺大德，好修福事，設無遮一百會，凡聖混淆，一皆等施。縱風雲連起，及至齋日，必晴明晏然，感動人只，福無唐設。春秋六十餘，卒於本院。境內苦霧如泣，數日不解焉。

（據《宋高僧傳》卷二十六《興福》）

唐京師光宅寺僧竭

釋僧竭者，不知何許人也，生在佛家，化行神甸。護珠言戒，止水澄心。每嗟靳固之夫，不自檀那之度，乃於建中中造曼殊堂，擬摹五臺之聖相。議築臺至於水際，竭懼傷生命，俾立三日道場，咒其多足至無足，當移竄相避，勿成某梵行之難。將知至誠所感，徵驗弗虛，掘土及泉，了無蠢動焉。常以復素為漉袋，遇汲有蟲，投諸井坎，時號護生井，恒盈不涸。又觀其飛蛾蟘蠓，錯認火明為可飛之路，故犯之，乃鑄銅蟾為息煙調。天下傳其制度。其曼殊院嘗轉經，每敕賜香。此寺本七寶臺寺，內有天后所造之臺，竭居於中焉。

（據《宋高僧傳》卷二十七《興福》）

唐京兆大興善寺含光

釋含光，不知何許人也。幼覺囂塵，馳求簡靜。開元中見不空三藏頗高時望，乃依附焉。及不空劫回西域，光亦影隨，匪憚艱危，思尋聖蹟。去時泛舶海中，遇巨魚望舟，有吞噬之意。兩遭黑風，天吳異物之怪，既從恬靜，俄抵師子國。屬尊賢阿闍梨建大悲胎藏壇，許光並慧辯同受五部灌頂法。天寶六載回京，不空譯經，乃當參議華梵，屬師卒。後代宗重光，如見不空，敕委往五臺山修功德。時天台宗學湛然解了禪觀，深得智者膏腴，嘗與江淮僧四十餘人入清涼境界。湛然與光相見，問西域傳法之事。光云：「有一國僧體解空宗，問及智者教法，梵僧云：曾聞此教定邪正，曉偏圓，明止觀，功推第一。再三囑光或因緣重至，為翻唐為梵附來。某願受持。屢屢掘手叮囑。詳其南印土多行龍樹宗見，故有此願流佈也。」光不知其終。

（據《宋高僧傳》卷二十七《興福》）

唐京師奉慈寺惟則

釋惟則者，拔俗志高，棲神物表，凡施善務，舉則波隨。常言：「像是生善之強緣，不得不多立。初之觀也，如對嚴君。次則其心不亂，中則觀門自成。末則如如焉，蕩蕩焉，三昧安得不現前乎？是以我曹勸化迷俗，得不以此是為先容歟？」由是若雕若塑，形象森然。恒事進修，天邑之間，偏加激勵。屬憲宗太皇太后郭氏元和中為母齊國大長公主追福，造奉慈精舍，搜擇名德，則乃預選入居。未久之間，聞四明鄮山有阿育王塔，東晉劉薩訶求現，往專禮焉。乃匠意將七寶為末，用膠范成摹寫脫，酷似。自甬東躬自負歸奉慈寺供養，京邑人皆傾瞻歸信焉。

（據《宋高僧傳》卷二十七《興福》）

唐長安禪定寺明準

釋明準者，不詳氏族，生緣本天台靈墟道場，出俗遊方。至京邑，觀古之神僧智苑於苑陽北山刊石寫經灌鐵，以俟慈氏下生，免水火之虞。又東洛長壽寺寫《華嚴》，聖善寺寫《法華》，嵩山嶽寺寫《楞伽》，悉刊貞玟，皆圖不朽。準遂於貞元戊寅歲春正月，見寺僧斵山攻石，石悉頑惡，知匠氏不虔，山靈秘吝。時準疏告陰靈，請神善務。俄於定中見若干幅貯無量石，冥冥之間，如有宰割，皆中刻字。時連率博陵崔公激勸幕府參佐各書一品，從序至

《勸發》，凡二十八。圜廊挺立，不期畢工。準之化人，皆此類也。元和元年八月中也。後不詳終所。

（據《宋高僧傳》卷二十七《興福》）

唐會稽呂后山文質

釋文質，俗姓祝氏，尚丘之遠孫，衢州須江人也。叔氏為僧號唯寬，學通多本經論。寬被詔入長安，止大興善寺，重詔入內道場，兼請受菩薩戒。質隨寬入內。年十五，誦《法華》、《華嚴》、《維摩》等經。二十三，受具。七日誦周戒本，二夏便講《四分律》。二十七，講通《俱舍》。四十年中，精曉諸大經論，後約束大悲、禹跡二禪師，參問心要。既博達矣，歸諸暨法樂寺領徒。時有虎來聽法，質摩其頂而去。後往永嘉，鍾會昌之搜簡，乃隱樂成縣大芙蓉山……

（據《宋高僧傳》卷二十七《興福》）

唐京兆神鼎

釋神鼎者，不詳何許人也。狂狷而純直，髮垂眉際。每持一斗巡長安市中乞丐。得食，就而食之。人或施粗帛幣布，錦綺羅縠，並綴聯衣上而著且無選擇。嘗入寺中，見利貞法師講於座前，傾聽少時，而問貞曰：「萬物定已否？」貞曰：「定。」鼎曰：「闍梨若言定，何因高岸為谷，深谷為陵，有死即生，有生即死？萬物相糾，六道輪迴，何得定耶？」貞曰：「萬物不定。」鼎曰：「若不定，何不指天為地，呼地為天，召星為月，命月為星，何得不定耶？」貞無以應之。時眾驚其辯發如流。貞公奧學。被挫其鋒。頗形慚色。張文成見之。歎嗟謂之曰：「觀法師迅辯，即是菩薩行位人也。」鼎曰：「菩薩得之不喜，失之不怨，撻之不怒，辱之不嗔。鼎今乞得即喜，不得即怨，撻之即怒，辱之即嗔，由此觀之去菩薩遠矣。」時眾錯愕，合掌而散焉。

（據《宋高僧傳》卷二十九《雜科聲德》）

唐京兆泓師

釋泓師者，齊安人也。神龍中來遊京輦，簡傲自持，而罕言語。語則瑰怪，頗善地理之學，占擇塋兆，郭景淳、一行之亞焉。而出入於郇公韋安石之門。

與韋既密，一日謂之曰：「貧道於鳳樓原見一段地，約二十畝，有龍起伏之形勢，有藏此者必累世居臺鼎。」韋曰：「老夫有別墅在城南，候閒隙陪國師訪地，問其價幾何。同遊林泉，又資高興。」異日，韋尋前約，方命駕次，韋公夫人曰：「令公為天子大臣，國師通陰陽術數，奈何潛遊郭外而營生藏，非所宜也。」遂止，韋曰：「舍弟滔有中殤男未葬，便示此地。」泓曰：「如賢弟得此地，不得他將相，止列卿而已。」滔買葬中殤，後為太常卿禮儀使而卒。

泓每行視山原，即為圖狀，嘗自洛東言於張說曰：「缺門道左有好山岡，丞相可用之。」說曰：「已位極人臣，吉孰過此。」泓曰：「無人勝此。」遂諮源監察乾曜，曰：「先人有遺旨矣。」後曜請假東洛遷奉而回，已經年矣。泓再經缺門，其地已成塋兆，問居人曰：「源氏之松柏也。」泓曰：「冥數合歸源氏，坐可待其變化。」不數年，曜果登庸焉。

泓曾誡燕公曰：「宅勿於西北隅取土。」後成坑，三二處為穴，泓驚謂燕公曰：「禍事，令公富貴一身耳。更二十年，禍及賢郎耳。」及均、垍受祿山偽官，肅宗復京，以減死論，太上皇苦執令處斬。皆符泓言。然中、睿朝皆崇重泓，號國師。占相之言，未嘗差謬。

（據《宋高僧傳》卷二十九《雜科聲德》）

唐洛陽罔極寺慧日

釋慧日，俗姓辛氏，東萊人也。中宗朝得度……開元七年方達長安。進帝佛真容、梵夾等，開悟帝心，賜號曰慈愍三藏。

生常勤修淨土之業，著《往生淨土集》，行於世。其道與善導、少康異時同化也。又以僧徒多迷五辛中興渠。興渠人多說不同，或云芸薹胡荽，或云阿魏，唯《淨土集》中別行書出云：「五辛，此土唯有四，一蒜，二韭，三蔥，四薤，闕於興渠。梵語稍訛，正云形具，余國不見。回至于闐，方得見也。根粗如細蔓，菁根而白。其臭如蒜，彼國人種取根食也。於時冬天到彼，不見枝葉。薹葵非五辛，所食無罪。」日親見為驗歟。以天寶七年卒於住寺，報齡六十九，葬於白鹿原成小塔焉。

（據《宋高僧傳》卷二十九《雜科聲德》）

唐京兆鎮國寺純陀

釋純陀者，本西域人也，梵名無由翻就華言也。從遊京邑，人所欽重。

上元中，便云東渡，人見之，顏容若童稚之色，言已年六百歲矣。或謂為八十歲人也。言談氣壯，舉動不衰。代宗皇帝聞之，詔入，禮遇極豐，俾求留年之道。陀曰：「心神好靜，今為塵境汩之，何從冥寂乎？若離簡靜外，欲望留年，如登木採芙蕖，其可得乎？陛下欲長年，由簡潔安神。神安則壽永，寡欲則身安。術斯已往，貧道所不知也。」帝由是篤重之，以永泰三年預知必逝，遣弟子齎衣缽進上，帝賜弟子紫衣，陀終於鎮國寺焉。

（據《宋高僧傳》卷二十九《雜科聲德》）

唐京兆歡喜

釋歡喜，不知何許人也。性無羈束，慈忍寬和，人未嘗見其慍色，故號之焉。觀國之光，至於京輦，貴達下民延之，少見違拒。言語不常，事蹟難測。德宗皇帝聞而重之。興元十二年敕永泰寺置戒壇度僧，時喜與保唐禪宗，別敕令受戒，緇伍榮之。至其年六月十九日，卒於本寺焉。

（據《宋高僧傳》卷二十九《雜科聲德》）

唐京兆千福寺雲邃

釋雲邃，不知何許人也。通綜經論，解將行兼。仍貫群書，號為該博。好遠泛愛，人無間然。累朝詔入內道場，順宗已來，掌領譯務。憲宗初，句當右街諸寺觀釋道二教事，別敕充西明、千福兩寺上座。風猷淹雅，綱任肅然。昔賢以道生比郭林宗，遂公有焉。

（據《宋高僧傳》卷二十九《雜科聲德》）

唐京師保壽寺法真

釋法真，不知何許人也。器識悠深，學問宏博，研窮梵典，旁賾儒書。講導之餘，吟詠情性。公卿貴士，無不宗奉。洎長慶中，帝頗銳懷佛事，真屢膺召命，內殿祗奉。四年，赴禁中道場。睿武昭愍皇帝御於法席，顧問三寶功能，真得應對，而辯給圜轉，援據粲然。帝悅，因請云：「久廢壇度，僧未全法者皆老朽。」蓋兩江間兵革未偃之故。尋詔兩街佛寺各置僧尼受戒壇場，自三月十日始至四月十日停，仍令兩街功德使各選擇有戒行僧謂之大德者，考試僧尼等經，僧能暗誦一百五十紙，尼一百紙，即令與度。真頻奉敕修功

德，故遂奏請。真之德望，實唱導之元。罔知終所。

（據《宋高僧傳》卷二十九《雜科聲德》）

唐上都大安國寺好直傳

釋好直，俗姓丁氏，會稽諸暨人也。幼不喜俗事，酒肉葷茹天然不食。因投杭塢山藏師落髮。元和初受具於杭之天竺寺。凡百經律論疏鈔，嗜其腴潤。一旦芒屬策杖，詣洪州禪門，洞達心要，虛往實歸。卻於本郡大慶寺，求益者提訓，凡二十餘載，為江左名僧。見儒士能青眼，故名輩多與之遊，往往戲為詩句，辭皆錯愕。凡從事廉問護戒於越，入境籍聲實而造其戶，不獨能誘，亦善與人交者。大和中游五臺，路出京邑，一夕而去。前護戒郤志榮、宋常春二內侍尤味其道，孜孜遠招。開成初，再至京國，二貴人同力唱和，牽祕虐留，致安國寺大方丈以居之。王畿龍象，莫不欽重。無何召入為供奉大德，非所好也，徇俗受之。然歸歟之歎，未嘗少棄。四年十月二十五日囑累弟子訖，奄然而寂，春秋五十六，夏三十二。郤宋二家率財權瘞於滻水東，人皆悲之，門人鑒諸後歸葬於崇山之南，華嚴寺起塔。會昌四年，起居舍人韋絢為碑紀代焉。

（據《宋高僧傳》卷三十《雜科聲德》）

唐長安濟度寺尼法願

法願，俗姓蕭氏，蘭陵人，梁武帝之六葉孫，唐故司空宋國公瑀之第三女也。乘因夐劫，植本遐生。孕月仙姿，稟清規於帝渚；儀星實態，降淑範於臺門。襁褓之辰，先標婉質；髫齔之歲，遽挺柔情。聰悟發於生知，孝友基乎天縱，中外姻族，莫不異焉。加以骨象無儔，韶妍獨立，鉛華不卸，彩絢春桃，玉顏含澤，光韜朝莽。年將十歲，頗自矜莊，整飾持容，端懷撿操。每留神於擊悅，特紆情於紝組；瓊環金翠之珍，茵簟衾幬之飾，必殫華妙。取玩閨闈，麗而不奢，盈而不溢。既而疏襟學府，繹慮詞條，一覽而隅隩咸該，再覿而英華畢搴。豪飛八體，究軒史之奇文；法兼二妙，符衛姬之逸跡。群藝式甄，女儀逾劭，宋公特深撫異，將求嘉世，載佇孫龍，以光宋鯉。而嚴庭垂訓，早沐慈波；鼎室承規，幼明真諦。飄花見雪，初陪太傅之歡；摘葉為香，遽警息慈之念。爰發宏誓，思證菩提，懼塵情於六禮，乃翹誠於十誦。承間薦謁，請離俗緣。宋公論道槐端，丹青神化，虔襟奈苑，梁棟正法，重違雅志，

—373—

許以出家。甫及笄年，爰披法服，乃於濟度伽藍，別營禪次。庭標雁塔，遠蔑
娥臺；藏寫龍宮，遙嗤魯館。於是沿空寂念，襲慧薰心，悅彼糞衣，俄捐綺
縠，甘茲蔬膳，遽斥膻腥。戒行與松柏齊貞，慧解共冰泉等徹；超然拔類，恬
然宴坐。若乃弟兄辦供，親眷設齋，九乳流音，六鈇含馥，瓶錫咸萃，冠蓋畢
臻，唯是瞻仰屏惟，遙申禮謁，自非至戚，罕有覿其形儀者。加以討尋經論，
探窮閫域，核妁路之微言，括毗尼之邃旨。至於《法華》、《般若》、《攝論》、
《維摩》，晨夕披誦，兼之講說。持戒弟子，近數十人，莫不仰味真乘，競趨
丹枕，傍窺淨室，爭詣元扉。肅肅焉，濟濟焉，七眾之仰疊彌，何以尚也！重
以深明九次，閱想禪枝，洞曉三空，澄襟定水，厭此纏蓋，忽現身疾。大漸之
晨，謂諸親屬曰：「是身無我，取譬水萍，是身有累，同夫風葉，生死循環，
實均晝夜。然則淨名申誡，本乎速朽；能仁垂則，期於早化。金棺乃示滅之
機，玉匣豈棲神之宅？誠宜捐軀鷲鳥，委形噬獸。」斂衿正念，奄然無言，粵
以龍朔三年八月廿六日，捨壽於濟度寺之別院，春秋六十三。姊弟永懷沉痛，
不忍依承遺約，乃以其年十月十七日，營空於少陵原之側，無名氏為撰慕志。
銘曰：「智有殊稱，法無異源；爭馭意馬，俱製心猿。志擾情紊，神凝理存；
展如淑範，獨趨玄門。璨彩星分，瑤姿月舉；含芳槐路，疏貞桂序。雲吐荊
臺，霞霏洛渚；學兼班媛，詞彬蔡女。奠禽匪志，救蟻昭仁；捐華臺室，沐道
玄津。法關開揵，心衢屏塵；九流遣累，八定棲真。忍藥分滋，戒香含烈；傳
燈不倦，寫瓶無竭。奄愴神遷，空悲眼滅；式鐫柔范，終天靡絕。

（據《續比丘尼傳》卷一）

唐長安興聖寺尼法澄

　　法澄，字無所得，俗姓孫氏，樂安人也，吳帝權之後。祖榮，涪州刺史；
父同，同州馮翊縣令。法澄第二女，降精粹之氣，含宏量之誠，大惠宿持，靈
心早啟，鑒浮生不住，知常樂可依，託事蔣王，求為離俗，遂於上元二年出
家。威儀戒行，覺觀禪思，跡覆真如，空用恒舍。遂持瓶缽一十八事，頭陀山
林，有豹隨行，逢神擁護。於至相寺康薦師處聽法，探微洞悟，同彼善財；謂
伏堅持，寧殊海意。康藏師每指法澄謂師徒曰：「住持佛法者，即此師也。」
如意之歲，淫刑肆逞，巫及法師，收扶汝南，謀其義舉，坐入宮掖。故法澄於
是大開聖教，宣揚正法，歸投者如羽翮趨林藪，若鱗介赴江海。昔菩薩化為
汝身，於王後宮說法，今古雖殊，利人一也。中宗和帝知名，放出中使供承，

朝夕不絕。景龍二年，大德三藏等奏請法澄為紹唐寺主，敕依所請。玄宗在春宮，幸興聖寺，施錢一千貫，充修理寺。以法澄德望崇高，賴補為興聖寺主。法澄修葺畢功，不逾旬月，又於寺內畫華嚴海藏變、造八角浮圖，馬頭空起舍利塔，皆法澄指授規模。及造，自余功德，不可稱數。融心濟物，遍法界以馳神；廣運冥力，滿虛空而遇化。不能祇理事途，請解寺主，遂鈔華嚴疏義三卷，及翻盂蘭盆經、溫室經等。專精博思，日起異聞，疲厭不生，誦經行道，視同居士。風疾現身，乃臥經二旬，飲食絕口。謂弟子曰：「我欲捨壽，不知死亦大難，為當因緣未盡。」後月餘，儼然坐繩床，七日不動，惟聞齋時鐘聲即吃水。忽謂弟子曰：「扶我臥，我不能坐死。」臥訖，遷神，春秋九十，開元十七年十一月三日也。以其月二十三日，安神於龍首山馬頭空塔所。弟子嗣彭王女尼彌多羅等，念其師仁孝幼懷，容儀美麗，講經論義，應對如流。王公等所施，悉為功德。恐人事隨化，陵谷遷移，遂請彭王志陳銘其塔。

（據《續比丘尼傳》卷一）

唐長安安國寺尼持法

持法，晉陵黃氏女。與其妹慧忍，同稟宿根。幼聞人誦法華，聽之，曰：「吾解此義也。」試使之說，能深談實相之旨。後入京師安國寺為尼，同修法華三昧。忽有尼號空姑，詞貌甚異，來共止宿。每至中夜，身光赫然，如是三年而去。或問之，二尼皆笑而不答，人謂其為普賢也。一行禪師聞之，亦加欽敬。

（據《續比丘尼傳》卷一）

唐長安濟度寺尼惠源

惠源，俗姓蕭氏，南蘭陵人也。曾門梁孝明皇帝，大夫諱瑀，唐中書令尚書左右僕射司空宋國公；父諱鈫，給事中利州刺史。紛綸葳蕤，奕世名家。原師之始誕也，惠音清越，閒氣沖亮，稟天真於太和，集神祐於純嘏。及數歲後，養必申敬，動皆合理，窮跡有道，出言有章。屏金翠而窒其繁華，絕葷膻而割其嗜欲，超然戰勝，但思出家。天鑒孔明，精心上感，年二十二，詔度為濟度寺尼，如始願也。受戒和上，寺大德尼，道之崇也；羯磨闍黎，太原寺大德律師薄摩，法之良也。迪延師立證，登壇進律，僧夏葳潔，戒珠日明，奉以周旋，不敢失墜。先是，其姑法願亦出家濟度寺，卒時，師始二歲。初，師才

至九歲，遘先大夫之酷。廿有七，執先夫人之夏，皆泣血茹哀，絕漿柴毀，古之孝子，烏足道哉！每秋，天露下衰，林風早棘，心戀戀若在喪紀，不忘孝也。亦能上規伯仲，旁訓弟姪，嗈嗈閨門，俾其勿壞。則天倫之性，過人數級。夫其內炳圓融，外示方便，恂恂善誘，從化如流，亦猶師子一吼，魔宮大隕，則感激有如此者。行住坐臥，應必皆空，慈悲喜捨，用而常寂。黃裳元吉，清風穆如，則龜境有如此者。後遇高僧義福者，常宴坐清禪，止觀傳明，殊禮印可。又有尼慈和者，世莫之識。知微通神，見色無礙，時人謂之觀音菩薩。嘗於大眾中目師曰：「十六沙彌，即法華中本師釋迦牟尼之往號也。」非師心同如來，孰能至於此？而更精承密行，親佩耿光，十數年間，演其後事。他日，師厭世示疾，以開元廿五年秋九月二日，從容而謂門人曰：「死生者，天之常道。身沒之後，於少陵原為空，遷吾神也。」言卒右脅而臥，怡然歸寂，享年七十有六。即以十一月旬有二日，從事於空，遵理命也，倉曹參軍楊林烈撰故大德比丘尼惠源和上神空誌銘。銘曰：「猗那明行，足不復還；至人去兮，逍遙天地之間。」

（據《續比丘尼傳》卷一）

唐長安某庵尼功德山

功德山，姓氏住處失詳。道行顯著，能前知。肅宗朝，屢入宮為后妃說法。代宗廣德元年，吐蕃犯便橋，上幸陝，王師不利，常有紫氣如車蓋，以迎馬首。及回潼關，上歎曰：「河水洋洋，送朕東去。」上至陝，因望鐵牛，蹶然謂左右曰「朕年十五六，宮中有尼號功德山，言事往往神驗。屢撫吾背曰，天下有災，遇牛方回。今見牛也，朕將回爾。」是夜夢黃衣童子歌於帳前，曰：「中五之德方峨峨，胡胡呼呼可奈何？」詰旦，上具言其夢，侍臣咸稱土德當王之兆也。

（據《續比丘尼傳》卷一）

唐長安真化寺尼如願

如願。隴西李氏女，申公之裔。天生道芽，自然神秀，十一詔度，二十圓具。彌沙塞部，其所務也；分氂之義不殊，析金之理斯在。僅登十臘，聲實兩茂，邀臨香壇，辭不見允。望之儼然，即之溫然，其慧也月照千潭，其操也松寒萬嶺。乃曰：「威儀三千，吾鏡之矣；度門八萬，復焉在哉。」遂習以羅浮

雙峰無生之觀，位居元匠矣。代宗命貴妃獨孤氏葛覃蘊德，十亂匡時，受道紫宸，登壇黃屋，因賜師紫袈裟一副，前後所錫綿綺繒帛，凡數千疋，以旌其高。燦乎盈庭，了無是相，道何深也！由此敕書疊篋，中使相望，御馬每下於雲霄，天花屢點於玉砌。締構多寶佛塔，繕寫妙法蓮華，環廊繚垣，金剎光耀，額題御劄，光赫宇宙。大曆十年，歲次乙卯，五月廿九日，薨於長安真化寺，春秋七十六。具以上聞，皇情憫焉，中使臨弔，賻贈之禮，有加常等。弟子長樂公主與當院嗣法門人登壇，十大德尼常真敕弟子證道、政定，證果寺大德凝照、惠照、凝寂，悟真，資敬寺上座洪偃，寺主孝因，律師真一、遠塵，法雲寺律師遍照等，凡數千人。則懿戚相門，愛道花色而為上首，忽喪宗匠，如睹鶴林。即以其年七月十八日，奉敕法葬於長安城南畢原。塔之禮也，素幡淒於道路，丹旐慘於郊扃，千福寺飛錫法師為撰大唐真化寺多寶塔院故寺主臨壇大德尼如願律師墓誌銘。略曰：「紫袈裟者，彼何人？已了如來清淨身，登壇不嚮明光殿去，去應超生死津。」

（據《續比丘尼傳》卷一）

徑山道欽禪師

杭州徑山道欽禪師者，蘇州崑山人也。姓朱氏……唐大曆三年，代宗詔至闕下，親加瞻禮。一日，同忠國師在內庭坐次，見帝駕來，師起立。帝曰：「師何以起？」師曰：「檀越何得向四威儀中見貧道。」帝悅，謂國師曰：「欲錫欽師一名。」國師欣然奉詔，乃賜號國一焉。後辭歸本山。於貞元八年十二月示疾，說法而逝。諡大覺禪師。

（據《五燈會元》卷二）

鳥窠道林禪師

杭州鳥窠道林禪師，本郡富陽人也。姓潘氏。母朱氏，夢日光入口，因而有娠。及誕，異香滿室，遂名香光。九歲出家，二十一於荊州果願寺受戒。後詣長安西明寺復禮法師學《華嚴經》、《起信論》。禮示以《真妄頌》，俾修禪那。師問曰：「初云何觀？云何用心？」禮久而無言。師三禮而退。屬代宗詔國一禪師至闕，師乃謁之，遂得正法。及南歸孤山永福寺……

（據《五燈會元》卷二）

北宗神秀禪師

北宗神秀禪師者，開封人也。姓李氏。少親儒業，博綜多聞。俄舍愛出家，尋師訪道……唐武后聞之，召至都下，於內道場供養，特加欽禮。命於舊山置度門寺，以旌其德。時王公士庶皆望塵拜伏。暨中宗即位，尤加禮重。大臣張說嘗問法要，執弟子禮，師有偈示眾曰：「一切佛法，自心本有。將心外求，舍父逃走。」神龍二年於東都天宮寺入滅，諡大通禪師。羽儀法物，送殯於龍門，帝送至橋，王公士庶皆至葬所。張說及徵士盧鴻一各為碑誄，門人普寂、義福等，並為朝野所重。

（據《五燈會元》卷二）

終南山惟政禪師

終南山惟政禪師，平原人也。姓周氏。受業於本州延和寺詮澄法師。得法於嵩山普寂禪師，即入太一山中，學者盈室。唐文宗好嗜蛤蜊，沿海官吏先時遞進，人亦勞止。一日御饌中有擘不張者。帝以其異，即焚香禱之，乃開，見菩薩形儀，梵相具足。帝遂貯以金粟檀香合，覆以美錦，賜興善寺，令眾僧瞻禮。因問群臣：「斯何祥也？」或奏太一山惟政禪師深明佛法，博聞強記，乞詔問之。帝即頒詔，師至，帝問其事。師曰：「臣聞物無虛應，此乃啟陛下之信心耳。故《契經》云：『應以此身得度者，即現此身，而為說法。』」帝曰：「菩薩身已現，且未聞說法。」師曰：「陛下覩此為常邪？非常邪？信邪？非信邪？」帝曰：「希奇之事，朕深信焉。」師曰：「陛下已聞說法竟。」皇情悅豫，得未曾有。詔天下寺院各立觀音像，以答殊休。留師於內道場，累辭歸山。詔令住聖壽寺。至武宗即位，師忽入終南山隱居。人問其故，師曰：「吾避仇矣。」終後闍維，收舍利四十九粒，而建塔焉。

（據《五燈會元》卷二）

南陽慧忠國師

南陽慧忠國師者，越州諸暨人也。姓冉氏。自受心印，居南陽白崖山黨子谷，四十餘祀不下山，道行聞於帝里。唐肅宗上元二年，中使孫朝進詔徵赴京，待以師禮。初居千福寺西禪院。及代宗臨御，復迎止光宅精藍十有六載，隨機說法。時有西天大耳三藏到京，云得他心通。肅宗命國師試驗。三藏纔見師便禮拜，立於右邊。師問曰：「汝得他心通那？」對曰：「不敢！」師

曰：「汝道老僧即今在甚麼處？」曰：「和尚是一國之師，何得卻去西川看競渡？」良久，再問：「汝道老僧即今在甚麼處？」曰：「和尚是一國之師，何得卻在天津橋上看弄猢猻？」師良久，復問：「汝道老僧只今在甚麼處？」藏罔測，師叱曰：「這野狐精，他心通在甚麼處！」藏無對。一日喚侍者，者應諾。如是三召三應。師曰：「將謂吾孤負汝，卻是汝孤負吾？」南泉到參，師問：「甚麼處來？」曰：「江西來。」師曰：「還將得馬師真來否？」曰：「只這是。」師曰：「背後底聻！」南泉便休。麻谷到參，繞禪牀三匝，振錫而立。師曰：「汝既如是，吾亦如是。」谷又振錫。師叱曰：「這野狐精出去！」上堂：「禪宗學者，應遵佛語。一乘了義，契自心源。不了義者，互不相許。如師子身中蟲。夫為人師，若涉名利，別開異端，則自他何益？如世大匠，斤斧不傷其手。香象所負，非驢能堪。」僧問：「若為得成佛去？」師曰：「佛與眾生，一時放卻，當處解脫。」曰：「作麼生得相應去？」師曰：「善惡不思，自見佛性。」曰：「若為得證法身？」師曰：「越毗盧之境界。」曰：「清淨法身作麼生得？」師曰：「不著佛求耳。」曰：「阿那箇是佛？」師曰：「即心是佛。」曰：「心有煩惱否？」師曰：「煩惱性自離。」曰：「豈不斷邪？」師曰：「斷煩惱者，即名二乘。煩惱不生，名大涅槃。」曰：「坐禪看靜，此復若為？」師曰：「不垢不淨，寧用起心而看淨相？」問：「禪師見十方虛空，是法身否？」師曰：「以想心取之，是顛倒見。」問：「即心是佛，可更修萬行否？」師曰：「諸聖皆具二嚴，豈撥無因果邪？」又曰：「我今答汝，窮劫不盡。言多去道遠矣。所以道：『說法有所得，斯則野干鳴。說法無所得，是名師子吼。』」上堂：「青蘿夤緣，直上寒松之頂；白雲淡濘，出沒太虛之中。萬法本閒而人自鬧。」師問僧：「近離甚處？」曰：「南方。」師曰：「南方知識以何法示人？」曰：「南方知識，祇道一朝風火散後，如蛇退皮，如龍換骨。本爾真性，宛然無壞。」師曰：「苦哉！苦哉！南方知識說法，半生半滅。」曰：「南方知識即如是，未審和尚此間說何法？」師曰：「我此間身心一如，身外無餘。」曰：「和尚何得將泡幻之身同於法體？」師曰：「你為甚麼入於邪道？」曰：「甚麼處是某甲入於邪道處？」師曰：「不見教中道，若以色見我，以音聲求我，是人行邪道，不能見如來。」

南陽張濆行者問：「承和尚說無情說法，某甲未體其事，乞和尚垂示。」師曰：「汝若問無情說法，解他無情，方得聞我說法，汝但聞取無情說法去。」濆曰：「只約如今有情方便之中，如何是無情因緣？」師曰：「如今一切動用

之中，但凡聖兩流都無少分起滅便是出，識不屬有無。燆然見覺，只聞無其情識繫執。所以六祖云：『六根對境，分別非識。』」

有僧到參禮，師問：「薀何事業？」曰：「講《金剛經》。」師曰：「最初兩字是甚麼？」曰：「如是。」師曰：「是甚麼？」僧無對。有人問：「如何是解脫？」師曰：「諸法不相到，當處解脫。」曰：「恁麼即斷去也。」師曰：「向汝道諸法不相到，斷甚麼！」師見僧來，以手作圓相，相中書日字。僧無對。師問本淨禪師：「汝已後見奇特言語如何淨？」曰：「無一念心愛。」師曰：「是汝屋裏事。」……

（據《五燈會元》卷二）

圭峯宗密禪師

終南山圭峯宗密禪師者，果州西充人也……北遊清涼山，回住鄠縣草堂寺。未幾，復入終南圭峯蘭若。大和中徵入內，賜紫衣。帝累問法要，朝士歸慕。唯相國裴公休，深入堂奧，受教為外護。

師以禪教學者互相非毀，遂著《禪源諸詮》，寫錄諸家所述，詮表禪門根源道理，文字句偈，集為一藏。以貽後代。其《都序》略曰：禪是天竺之語，具云禪那，此云思惟修，亦云靜慮，皆定慧之通稱也。源者，是一切眾生本覺真性，亦名佛性，亦名心地。悟之名慧，修之名定。定慧通名為禪。此性是禪之本源，故云禪源，亦名禪那。理行者，此之本源是禪理，忘情契之是禪行，故云理行。然今所集諸家述作，多譚禪理，少說禪行，故且以禪源題之。今時有人但目真性為禪者，是不達理行之旨，又不辨華竺之音也。然非離真性，別有禪體。但眾生迷真合塵，即名散亂。背塵合真，方名禪定。若直論本性，即非真非妄，無背無合，無定無亂，誰言禪乎？況此真性，非唯是禪門之源，亦是萬法之源，故名法性。亦是眾生迷悟之源，故名如來藏藏識。亦是諸佛萬德之源，故名佛性。亦是菩薩萬行之源，故名心地。萬行不出六波羅蜜。禪者，但是六中之一，當其第五。豈可都目真性為一禪行哉！然禪定一行最為神妙，能發起性上無漏智慧。一切妙用，萬行萬德，乃至神通光明，皆從定發。故三乘人慾求聖道，必須修禪，離此無門，離此無路。至於念佛求生淨土，亦修十六觀禪，及念佛三昧、般舟三昧等也。又真性即不垢不淨，凡聖無差。禪門則有淺有深，階級殊等。謂帶異計、欣上厭下而修者，是外道禪。正信因果，亦以欣厭而修者，是凡夫禪。悟我空偏真之理而修者，是小乘禪。悟

我法二空所顯真理而修者,是大乘禪。若頓悟自心本來清淨,元無煩惱,無漏智性本自具足,此心即佛,畢竟無異。依此而修者,是最上乘禪,亦名如來清淨禪,亦名一行三昧,亦名真如三昧。此是一切三昧根本,若能念念修習,自然漸得百千三昧。達磨門下展轉相傳者,是此禪也。達磨未到,古來諸家所解,皆是前四禪八定,諸高僧修之,皆得功用。南嶽天台令依三諦之理修三止三觀,教義雖最圓妙,然其趣入門戶次第,亦只是前之諸禪行相。唯達磨所傳者,頓同佛體,迥異諸門,故宗習者難得其旨。得即即成聖,疾證菩提;失即成邪,速入塗炭。先祖革昧防失,故且人傳一人。後代已有所憑,故任千燈千照。泊乎法久成弊,錯謬者多,故經論學人疑謗亦眾。原夫佛說頓教漸教,禪開頓門漸門。二教二門,各相符契。今講者偏彰漸義,禪者偏播頓宗。禪講相逢,胡越之隔。宗密不知,宿生何作,薰得此心,自未解脫,欲解他縛,為法亡於軀命,愍人切於神情。每歎人與法差,法為人病。故別撰經律論疏,大開戒定慧門。顯頓悟資於漸修,證師說符於佛意。意既本末而委示,文乃浩博而難尋。泛學雖多,秉志者少。況跡涉名相,誰辨金鍮?徒自疲勞,未見機感。雖佛說悲增是行,而自慮愛見難防。遂捨眾入山,習定均慧,前後息慮,相繼十年。微細習情,起滅彰於靜慧。差別法義,羅列現於空心。虛隙日光,纖埃擾擾。清潭水底,影像昭昭。豈比夫空守默之癡禪,但尋文之狂慧者也。然本因了自心而辨諸教,故懇情於心宗;又因辨諸教而解修心,故虔誠於教義。教也者,諸佛菩薩所留經論也。禪也者,諸善知識所述句偈也。但佛經開張,羅大千八部之眾。禪偈撮略,就此方一類之機。羅眾則莽蕩難依,就機則指的易用。今之纂集,意在斯焉。

裴休為之《序》曰:「諸宗門下,皆有達人。然各安所習,通少局多。故數十年來,師法益壞。以承稟為戶牖,各自開張;以經論為干戈,互相攻擊。情隨函矢而遷變,法逐人我以高低。是非紛拏。莫能辨析。則向者世尊菩薩諸方教宗,適足以起諍後人,增煩惱病,何利益之有?我圭峯大師久而歎曰:「吾丁此時,不可以默矣。」於是以如來三種教義,印禪宗三種法門。鎔缾盤釵釧為一金,攪酥酪醍醐為一味。振綱領而舉者皆順,據會要而來者同趣。尚恐學者之難明也,又復直示宗源之本末,真妄之和合,空性之隱顯,法義之差殊,頓漸之異同,遮表之回互,權實之深淺,通局之是非。若吾師者,捧佛日而委曲回照,疑暗盡除。順佛心而橫亙大悲,窮劫蒙益。則世尊為闡教之主,吾師為會教之人。本末相符,遠近相照,可謂畢一代時教之能事矣。或曰:『自如來未

嘗大都而通之，今一旦違宗趣而不守，廢關防而不據，無乃乖祕藏密契之道乎？」答曰：『如來初雖別說三乘，後乃通為一道。』故《涅槃經》迦葉菩薩曰：『諸佛有密語，無密藏。』世尊贊之曰：『如來之言開發顯露，清淨無翳，愚人不解，謂之祕藏；智者了達，則不名藏。』此其證也。故王道興則外戶不閉，而守在戎夷。佛道備則諸法總持，而防在魔外。不當復執情攘臂於其間也。」

蕭俛相公呈己見解，請禪師注釋。師曰：「菏澤云：見清淨體於諸三昧，八萬四千諸波羅蜜門，皆於見上一時起用，名為慧眼。若當真如相應之時，萬化寂滅。此時更無所見。三昧諸波羅蜜門，亦一時空寂，更無所得。不審此是見上一時起用否？」望於此後示及俛狀。答史山人十問。一問：「如何是道，何以修之？為復必須修成，為復不假功用？」答：「無礙是道，覺妄是修。道雖本圓，妄起為累。妄念都盡，即是修成。」二問：「道若因修而成，即是造作，便同世間法，虛偽不實。成而復壞，何名出世？」答：「造作是結業，名虛偽世間。無作是修行，即真實出世。」三問：「其所修者，為頓為漸？漸則忘前失後，何以集合而成？頓則萬行多方，豈得一時圓滿？」答：「真理即悟而頓圓，妄情息之而漸盡。頓圓如初生孩子，一日而肢體已全。漸修如長養成人，多年而志氣方立。」四問：「凡修心地之法，為當悟心即了，為當別有行門。若別有行門，何名南宗頓旨？若悟即同諸佛，何不發神通光明？」答：「識冰池而全水，藉陽氣而鎔消，悟凡夫而即真，資法力而修習。冰消則水流潤，方呈溉滌之功。妄盡則心靈通，始發通光之應。修心之外，無別行門。」五問：「若但修心而得佛者，何故諸經復說必須莊嚴佛土，教化眾生，方名成道？」答：「鏡明而影像千差，心淨而神通萬應。影像類莊嚴佛國，神通則教化眾生。莊嚴而即非莊嚴，影像而亦色非色。」六問：「諸經皆說度脫眾生，且眾生即非眾生，何故更勞度脫？」答：「眾生若是實，度之則為勞。既自云即非眾生，何不例度而無度？」七問：「諸經說佛常住，或即說佛滅度。常即不滅，滅即非常。豈不相違？」答：「離一切相，即名諸佛，何有出世入滅之實乎？見出沒者在乎機緣，機緣應則菩提樹下而出現。機緣盡則娑羅林間而涅槃。其猶淨水無心，無像不現。像非我有，蓋外質之去來。相非佛身，豈如來之出沒？」八問：「云何佛化所生，吾如彼生？佛既無生，生是何義？若言心生法生，心滅法滅，何以得無生法忍邪？」答：「既云如化，化即是空。空即無生，何詰生義？生滅滅已，寂滅為真。忍可此法無生，名曰無生法忍。」九問：「諸佛成道說法，祗為度脫眾生。眾生既有六道，佛何但住在人中現化？

又：佛滅後付法於迦葉，以心傳心，乃至此方七祖_，每代祇傳一人。既云，於一切眾生皆得一子之地，何以傳授不普？」答：「日月麗天，六合俱照，而盲者不見，盆下不知。非日月不普，是障隔之咎也。度與不度，義類如斯。非局人天，揀於鬼畜，但人道能結集，傳授不絕，故祇知佛現人中也。滅度後委付迦葉，展轉相承。一人者，此亦蓋論，當代為宗教主，如土無二王，非得度者唯爾數也。」十問：「和尚因何發心，慕何法而出家？今如何修行，得何法味？所行得至何處地位？今住心邪，修心邪？若住心妨修心，若修心則動念不安。云何名為學道？若安心一定，則何異定性之徒？伏願大德，運大慈悲，如理如如，次第為說。」答：「覺四大如壞幻，達六塵如空華，悟自心為佛心，見本性為法性，是發心也。知心無住，即是修行。無住而知，即為法味。住著於法，斯為動念。故如人入闇，則無所見。今無所住，不染不著。故如人有目，及日光明，見種種法，豈為定性之徒？既無所住著，何論處所？」

又山南溫造尚書問：「悟理息妄之人，不結業一期壽終之後，靈性何依？」師曰：「一切眾生，無不具有覺性。靈明空寂，與佛無殊。但以無始劫來，未曾了悟，妄執身為我相，故生愛惡等情。隨情造業，隨業受報，生老病死，長劫輪迴。然身中覺性，未曾生死，如夢被驅役，而身本安閒。如水作冰，而濕性不易。若能悟此性，即是法身。本自無生，何有依託？靈靈不昧，了了常知。無所從來，亦無所去。然多生妄執，習以性成。喜怒哀樂，微細流注。真理雖然頓達，此情難以卒除。須長覺察，損之又損，如風頓止，波浪漸停。豈可一生所修，便同諸佛力用？但可以空寂為自體，勿認色身；以靈知為自心，勿認妄念。妄念若起，都不隨之，即臨命終時，自然業不能繫。雖有中陰，所向自由。天上人間，隨意寄託。若愛惡之念已泯，即不受分段之身，自能易短為長，易麤為妙。若微細流注，一切寂滅，唯圓覺大智朗然獨存，即隨機應現千百億化身，度有緣眾生，名之為佛。謹對。」

釋曰：馬鳴菩薩撮略百本大乘經宗旨，以造《大乘起信論》。論中立宗，說一切眾生心，有覺義不覺義。覺中復有本覺義、始覺義。上所述者，雖但約照理觀心處言之，而法義亦同。彼論謂從初至「與佛無殊」，是本覺也。從「但以無始」下，是不覺也。從「若能悟此」下，是始覺也。始覺中復有頓悟漸修。從「若能」至「亦無所去」，是頓悟也。從「然多生妄執」下，是漸修也。漸修中從初發心乃至成佛，有三位自在，從初至「隨意寄託」者，是受生自在也。從「若愛惡之念」下，是變易自在也。從「若微細流注」下至末，是究竟

自在也。又從「但可以空寂為自體」至「自然業不能繫」，正是悟理之人朝暮行心修習止觀之要節也。宗密先有八句之偈，顯示此意。曾於尚書處誦之，奉命解釋。偈曰：「作有義事，是惺悟心。作無義事，是狂亂心。狂亂隨情念，臨終被業牽。惺悟不由情，臨終能轉業。」

師會昌元年正月六日，於興福院誡門人：令舁屍施鳥獸，焚其骨而散之，勿得悲慕以亂禪觀。每清明上山講道七日，其餘住持儀則當合律科，違者非吾弟子。言訖坐滅。道俗等奉全身於圭峯，茶毗得舍利，明白潤大。後門人泣而求之，皆得於煨燼，乃藏之石室。暨宣宗再闡真教，追諡定慧禪師。塔曰青蓮。

（據《五燈會元》卷二）

草堂和尚

京兆草堂和尚，自罷參大寂，至海昌和尚處。昌問：「甚麼處來？」師曰：「道場來。」昌曰：「這裡是甚麼處？」師曰：「賊不打貧人家。」僧問：「未有一法時，此身在甚麼處？」師作一圓相，於中書「身」字。

（據《五燈會元》卷三）

興平和尚

京兆興平和尚，洞山來禮拜。師曰：「莫禮老朽。」山曰：「禮非老朽。」師曰：「非老朽者不受禮。」山曰：「他亦不止。」洞山卻問：「如何是古佛心？」師曰：「即汝心是。」山曰：「雖然如此，猶是某甲疑處。」師曰：「若恁麼，即問取木人去。」山曰：「某甲有一句子，不借諸聖口。」師曰：「汝試道看。」山曰：「不是某甲。」山辭，師曰：「甚麼處去？」山曰：「沿流無定止。」師曰：「法身沿流，報身沿流？」山曰：「總不作此解。」師乃拊掌。

（據《五燈會元》卷三）

黃檗希運禪師

洪州黃檗希運禪師，閩人也……師後遊京師，因人啟發，乃往參百丈。丈問：「巍巍堂堂，從何方來？」師曰：「巍巍堂堂，從嶺南來。」丈曰：「巍巍堂堂，當為何事？」師曰：「巍巍堂堂，不為別事。」便禮拜。問曰：「從上宗乘如何指示？」丈良久。師曰：「不可教後人斷絕去也。」丈曰：「將謂汝是

箇人。」乃起，入方丈。師隨後入，曰：「某甲特來。」丈曰：「若爾，則他後不得孤負吾。」

丈一日問師：「甚麼處去來？」曰：「大雄山下採菌子來。」丈曰：「還見大蟲麼？」師便作虎聲。丈拈斧作斫勢。師即打丈一摑。丈吟吟而笑，便歸。上堂曰：「大雄山下有一大蟲，汝等諸人也須好看。百丈老漢今日親遭一口。」師在南泉普請擇菜次。泉問：「甚麼處去？」曰：「擇菜去。」泉曰：「將甚麼擇？」師豎起刀，泉曰：「祇解作賓，不解作主。」師以刀點三下。泉曰：「大家擇菜去。」泉一日曰：「老僧有牧牛歌，請長老和。」師曰：「某甲自有師在。」師辭南泉，泉門送，提起師笠曰：「長老身材沒量大，笠子太小生？」師曰：「雖然如此，大千世界總在里許。」泉曰：「王老師謩！」師戴笠便行。

師在鹽官殿上禮佛次，時唐宣宗為沙彌，問曰：「不著佛求，不著法求，不著僧求，長老禮拜，當何所求？」師曰：「不著佛求，不著法求，不著僧求，常禮如是事。」彌曰：「用禮何為？」師便掌。彌曰：「太麤生！」師曰：「這裡是甚麼所在？說麤說細。」隨後又掌。

裴相國鎮宛陵，建大禪苑，請師說法。以師酷愛舊山還以黃檗名之。公一日拓一尊佛於師前，跪曰：「請師安名。」師召曰：「裴休。」公應諾。師曰：「與汝安名竟。」公禮拜……

（據《五燈會元》卷四）

衛國院道禪師

京兆衛國院道禪師，新到參，師問：「何方來？」曰：「河南來。」師曰：「黃河清也未？」僧無對。師不安，不見客。有人來謁。乃曰：「久聆和尚道德，忽承法體違和，略請和尚相見。」師將鉢鐼盛鉢楪，令侍者擎出呈之。其人無對。

（據《五燈會元》卷四）

白居易侍郎

杭州刺史白居易，字樂天，久參佛光得心法，兼稟大乘金剛寶戒。元和中造於京兆興善法堂，致四問。十五年，牧杭州……

（據《五燈會元》卷四）

薦福弘辯禪師

　　京兆大薦福寺弘辯禪師，唐宣宗問：「禪宗何有南北之名？」對曰：「禪門本無南北。昔如來以正法眼付大迦葉，展轉相傳，至二十八祖菩提達磨，來遊此方初祖。暨第五祖弘忍大師在蘄州東山開法。時有二弟子：一名慧能，受衣法，居嶺南為六祖，一名神秀，在北揚化。其後神秀門人普寂者，立秀為第六祖，而自稱七祖。其所得法雖一，而開導發悟有頓漸之異，故曰南頓北漸，非禪宗本有南北之號也。」帝曰：「云何名戒？」對曰：「防非止惡謂之戒。」帝曰：「云何為定？」對曰：「六根涉境，心不隨緣名定。」帝曰：「云何為慧？」對曰：「心境俱空，照覽無惑名慧。」帝曰：「何為方便？」對曰：「方便者，隱實覆相權巧之門也。被接中下，曲施誘迪謂之方便。設為上根言，捨方便但說無上道者，斯亦方便之譚。乃至祖師玄言，忘功絕謂，亦無出方便之跡。」帝曰：「何為佛心？」對曰「佛者西天之語，唐言覺。謂人有智慧覺照為佛心。心者佛之別名，有百千異號，體唯其一，無形狀，非青黃赤白、男女等相，在天非天，在人非人，而現天現人，能男能女，非始非終，無生無滅，故號靈覺之性。如陛下日應萬機即是陛下佛心。假使千佛共傳，而不念別有所得也。」帝曰：「如今有人念佛如何？」對曰：「如來出世為天人師，善知識隨根器而說法，為上根者開最上乘頓悟至理。中下者未能頓曉，是以佛為韋提希權開十六觀門，令念佛生於極樂。故《經》云：『是心是佛，心外無佛，佛外無心。』」帝曰：「有人持經念佛，持咒求佛，如何？」對曰：「如來種種開讚皆為最上一乘。如百川眾流，莫不朝宗于海。如是差別諸數，皆歸薩婆若海。」帝曰：「祖佛既契會心印，《金剛經》云『無所得法』，如何？」對曰：「佛之一化，實無一法與人。但示眾人，各各自性，同一法藏。當時然燈如來但印釋迦本法而無所得，方契然燈本意。故《經》云：『無我無人，無眾生，無壽者，是法平等，修一切善法，不住於相。』」帝曰：「禪師既會祖意，還禮佛轉經否？」對曰：「沙門釋子，禮佛轉經，蓋是住持常法，有四報焉。然依佛戒修身參尋知識，漸修梵行，履踐如來所行之跡。」帝曰：「何為頓見？何為漸修？」對曰：「頓明自性，與佛同儔。然有無始染習，故假漸修對治，令順性起用。如人喫飯，不一口便飽。」師是日辯對七刻，賜紫方袍，號圓智禪師，仍修天下祖塔，各令守護。

（據《五燈會元》卷四）

京兆公畿和尚

河中府公畿和尚，僧問：「如何是道？如何是禪？」師以偈示之曰：「有名非大道，是非俱不禪。欲識箇中意，黃葉止啼錢。」

（據《五燈會元》卷四）

京兆尸利禪師

京兆府尸利禪師，問石頭：「如何是學人本分事？」頭曰：「汝何從吾覓？」曰：「不從師覓，如何即得？」石頭曰：「汝還曾失麼？」師乃契會厥旨。

（據《五燈會元》卷五）

翠微無學禪師

京兆府翠微無學禪師，初問丹霞：「如何是諸佛師？」霞咄曰：「幸自可憐生，須要執巾帚作麼？」師退身三步，霞曰：「錯！」師進前，霞曰：「錯！錯！」師翹一足，旋身一轉而出。霞曰：「得即得，孤他諸佛。」師由是領旨。住後，投子問：「未審二祖初見達磨，有何所得？」師曰：「汝今見吾，復何所得？」投子頓悟玄旨。一日，師在法堂內行，投子進前接禮。問曰：「西來密旨，和尚如何示人？」師駐步少時。子曰：「乞師垂示。」師曰：「更要第二杓惡水那？」子便禮謝。師曰：「莫垛根。」子曰：「時至根苗自生。」師因供養羅漢，僧問：「丹霞燒木佛，和尚為甚麼供養羅漢？」師曰：「燒也不燒著，供養亦一任供養。」曰：「供養羅漢，羅漢還來也無？」師曰：「汝每日還喫飯麼？」僧無語。師曰：「少有靈利底！」

（據《五燈會元》卷五）

鳳翔石柱禪師

鳳翔府石柱禪師遊方時到洞山，時虔和尚垂語曰：「有四種人：一人說過佛祖，一步行不得。一人行過佛祖，一句說不得。一人說得行得。一人說不得，行不得。阿那箇是其人？」師出眾曰：「一人說過佛祖行不得者，祇是無舌不許行。一人行過佛祖一句說不得者，祇是無足不許說。一人說得行得者，祇是函蓋相稱。一人說不得行不得者，如斷命求活。此是石女兒，披枷帶鏁。」山曰：「闍黎分上作麼生？」師曰：「該通分上卓卓寧彰。」山曰：「祇如海上

明公秀又作麼生？」師曰：「幻人相逢，拊掌呵呵。」

（據《五燈會元》卷六）

龍湖普聞禪師

邵武軍龍湖普聞禪師，唐僖宗太子也。幼不茹葷，長無經世意。僖宗鍾愛之，然百計陶寫，終不能回。中和初，僖宗幸蜀，師斷髮逸遊，人無知者……

（據《五燈會元》卷六）

天蓋山幽禪師

鳳翔府天蓋山幽禪師，僧問：「如何是天蓋水？」師曰：「四海滂沱，不犯涓滴。」問：「學人擬看經時如何？」師曰：「既是大商，何求小利。」問：「對境不動時如何？」師曰：「邊方雖有令，不是太平年。」

（據《五燈會元》卷六）

九峻敬慧禪師

九峻敬慧禪師，僧問：「解脫深坑，如何過得？」師曰「不求過。」曰：「如何過得？」師曰：「求過亦非。」

（據《五燈會元》卷六）

鳳翔招福禪師

鳳翔府招福禪師，僧問：「東牙烏牙皆出隊，和尚為甚麼不出隊？」師曰：「住持各不同，闍黎爭得怪。」

（據《五燈會元》卷六）

白雲善藏禪師

京兆白雲善藏禪師，僧問：「如何是和尚深深處？」師曰：「矮子渡深谿。」問：「赤腳時如何？」師曰：「何不脫卻。」問：「如何是法法不生？」師曰：「萬類千差。」曰：「如何是法法不滅？」師曰：「縱橫滿目。」

（據《五燈會元》卷六）

青峯傳楚禪師

　　鳳翔府青峯傳楚禪師，涇州人也。一日，洛浦問曰：「院主去甚麼處來？」師曰：「掃雪來。」浦曰：「雪深多少？」師曰：「樹上總是。」浦曰：「得即得，汝向後住箇雪竇定矣。」後訪白水，水曰：「見說洛浦有生機一路，是否？」師曰：「是。」水曰：「止卻生路，向熟路上來。」師曰：「生路上死人無數，熟路上不著活漢。」水曰：「此是洛浦底，你底作麼生？」師曰：「非但洛浦，夾山亦不奈何。」水曰：「夾山為甚麼不奈何？」師曰：「不見道生機一路。」住後，僧問：「佛魔未現，向甚麼處應？」師曰：「諸上座聽祇對。」問：「大事已明，為甚麼也如喪考妣？」師曰：「不得春風花不開，及至花開又吹落。」問：「如何是一色？」師曰：「全無一滴水，浪激似銀山。」問：「如何是臨機一句？」師曰：「便道將來。」曰：「請和尚道。」師曰：「穿過髑髏，不知痛癢。」問：「如何是明瞭底人一句？」師曰：「駿馬寸步不移，鈍鳥升騰出路。」

（據《五燈會元》卷六）

永安善靜禪師

　　京兆府永安院善靜禪師，郡之王氏子。母夢金像，覺而有娠。師幼習儒學，博通群言。年二十七，忽厭浮幻，潛詣終南山禮廣度禪師披削。唐天復中，南謁洛浦，浦器之，容其入室。乃典園務，力營眾事。一日，有僧辭浦，浦曰：「四面是山，闍黎向甚麼處去？」僧無對。浦曰：「限汝十日，下語得中，即從汝去。」其僧經行冥搜，偶入園中。師問曰：「上座既是辭去，今何在此？」僧具陳所以，堅請代語。師曰：「竹密豈妨流水過，山高那阻野雲飛。」其僧喜踴。師屬之曰：「不得道是某甲語。」僧遂白浦。曰：「誰語？」曰：「某甲語。」浦曰：「非汝語。」僧具言園頭見教。浦至晚，上堂謂眾曰：「莫輕園頭，他日座下有五百人在。」後住永安，眾餘五百，果符洛浦之記。僧問：「知有道不得時如何？」師曰：「知有箇甚麼？」曰：「不可無去也。」師曰：「恁麼則合道得。」曰：「道即不無，爭奈語偏。」師曰：「水凍魚難躍，山寒花發遲。」問：「如何是和尚家風？」師曰：「木馬背斜陽，入草無蹤跡。」問：「如何是一色？」師曰：「易分雪裏粉，難辨墨中煤。」問：「如何是衲衣向上事？」師曰：「龍魚不出海，水月不吞光。」問：「不可以智知，不可以識識時如何？」師曰：「鶴鷺並頭踏雪睡，月明驚起兩遲疑。」問：

「牛頭未見四祖時如何?」師曰:「異境靈松,覩者皆羨。」曰:「見後如何?」師曰:「葉落已枝摧,風來不得韻。」問:「如何得生如來家?」師曰:「披衣望曉,論劫不明。」曰:「明後如何?」師曰:「一句不可得。」曰:「如何是不坐如來座?」師曰:「抱頭石女歸來晚,祇園會裏沒蹤由。」師往遊樊道,避昭宗蒙塵之亂,以漢開運丙午年冬,鳴犍椎集僧,囑累入方丈,東向右脅而化。諡淨悟禪師。

(據《五燈會元》卷六)

京兆臥龍禪師

京兆府臥龍禪師,僧問:「杲日符天際,珠光照舊都。浦津通法海,今日意何如?」師曰:「寶劍揮時,豈該明暗!」

(據《五燈會元》卷六)

白雲無休禪師

京兆府白雲無休禪師,僧問:「路逢猛虎,如何降伏?」師曰:「歸依佛法。」僧問:「如何是白雲境?」師曰:「月夜樓邊海客愁。」

(據《五燈會元》卷六)

耀州密行禪師

耀州密行禪師,僧問:「密室之言,請師垂示。」師曰:「南方水闊,北地風多。」曰:「不會,乞師再指。」師曰:「鳥棲林麓易,人出是非難。」

(據《五燈會元》卷六)

紫閣端己禪師

京兆府紫閣山端己禪師,僧問:「四相俱盡,立甚麼為真?」師曰:「你甚麼處去來?」問:「渭水正東流時如何?」師曰:「從來無間斷。」

(據《五燈會元》卷六)

岩頭全禪師

鄂州岩頭全禪師,泉州柯氏子。少禮青原誼公,落髮往長安寶壽寺,稟

戒習經律諸部，優游禪苑，與雪峯、欽山為友。自杭州大慈山邐迤造於臨濟，屬濟歸寂，乃謁仰山……

（據《五燈會元》卷七）

雲蓋歸本禪師

襄州雲蓋雙泉院歸本禪師，京兆府人也。初謁雪峯，禮拜次，峯下禪牀，跨背而坐，師於此有省。住後，僧問：「如何是雙泉？」師曰：「可惜一雙眉。」曰：「學人不會。」師曰：「不曾煩禹力，湍流事不知。」問：「如何是西來的的意？」師乃搊住，其僧變色。師曰：「我這裡無這箇。」師手指纖長，特異於人，號手相大師。

（據《五燈會元》卷七）

京兆府米和尚

京兆府米和尚。參學後，歸受業寺，有老宿問：「月中斷井索，時人喚作蛇。未審七師見佛喚作甚麼？」師曰：「若有佛見，即同眾生。」老宿曰：「千年桃核。」師令僧去問仰山曰：「今時還假悟也無？」仰曰：「悟即不無，爭奈落在第二頭。」師深肯之。又令僧問洞山：「那箇究竟作麼生？」洞曰：「卻須問他始得。」師亦肯之。僧問：「自古上賢，還達真正理也無？」師曰：「達。」曰：「祇如真正理作麼生達？」師曰：「當時霍光賣假銀城與單于，契書是甚麼人做？」曰：「某甲值得杜口無言。」師曰：「平地教人作保。」問：「如何是衲衣下事？」師曰：「醜陋任君嫌，不掛雲霞色。」

（據《五燈會元》卷九）

終南山豐德和尚

終南山豐德寺和尚，僧問：「如何是和尚家風？」師曰：「觸事面牆。」問：「如何是本來事？」師曰：「終不更問人。」

（據《五燈會元》卷九）

臨濟義玄禪師

鎮州臨濟義玄禪師，曹州南華邢氏子……師到京行化，至一家門首，曰：

「家常添鉢。」有婆曰：「太無厭生！」師曰：「飯也未曾得，何言太無厭生？」婆便閉卻門。師升堂，有僧出，師便喝，僧亦喝，便禮拜，師便打。趙州遊方到院，在後架洗腳次，師便問：「如何是祖師西來意？」州曰：「恰遇山僧洗腳。」師近前作聽勢，州曰：「會即便會，啄作什麼？」師便歸方丈。州曰：「三十年行腳，今日錯為人下注腳。」問：「僧甚處來？」曰：「定州來。」師拈棒，僧擬議，師便打，僧不肯。師曰：「已後遇明眼人去在。」僧後參三聖，纔舉前話，三聖便打。僧擬議，聖又打。

師應機多用喝，會下參徒亦學師喝。師曰：「汝等總學我喝，我今問汝：『有一人從東堂出，一人從西堂出，兩人齊喝一聲，這裡分得賓主麼？汝且作麼生分？』若分不得，已後不得學老僧喝。」示眾：「我有時先照後用，有時先用後照，有時照用同時，有時照用不同時。先照後用有人在，先用後照有法在，照用同時，驅耕夫之牛，奪饑人之食，敲骨取髓，痛下針錐。照用不同時，有問有答，立賓立主，合水和泥，應機接物。若是過量人，向未舉已前，撩起便行，猶較些子。」

（據《五燈會元》卷十一）

長興滿禪師

鳳翔府長興院滿禪師，僧問：「如何是古佛道場？」師曰：「行便踏著。」曰：「踏著後如何？」師曰：「冰消瓦解。」曰：「為甚如此？」師曰：「城內君子，郭外小兒。」問：「大用現前時如何？」師曰：「鬧市裏輥。」

（據《五燈會元》卷十一）

華嚴休靜禪師

京兆華嚴寺休靜禪師，在洛浦作維那時，一日白槌普請曰：「上間般柴，下間鋤地。」第一座問：「聖僧作甚麼？」師曰：「當堂不正坐，不赴兩頭機。」師問洞山：「學人無箇理路，未免情識運為。」山曰：「汝還見有理路也無？」師曰：「見無理路。」山曰：「甚處得情識來？」師曰：「學人實問。」山曰：「恁麼則直須向萬里無寸草處去。」師曰：「萬里無寸草處，還許某甲去也無？」山曰：「直須恁麼去。」師般柴次，洞山把住曰：「狹路相逢時如何？」師曰：「反側！反側！」山曰：「汝記吾言，向南住有一千人，向北住止三百而已。」初住福州東山之華嚴，眾滿一千。未幾，屬後唐莊宗徵入輦下，大闡玄風，其

徒果止三百。莊宗問：「祖意教意，是同是別？」師曰：「探盡龍宮藏，眾義不能詮。」問：「大悟底人為甚麼卻迷？」師曰：「破鏡不重照，落花難上枝。」問：「大軍設天王齋求勝，賊軍亦設天王齋求勝。未審天王赴阿誰願？」師曰：「天垂雨露，不揀榮枯。」莊宗請入內齋，見大師大德總看經，唯師與徒眾不看經。帝問：「師為甚麼不看經？」師曰：「道泰不傳天子令，時清休唱太平歌。」帝曰：「師一人即得，徒眾為甚麼也不看經？」師曰：「師子窟中無異獸，像王行處絕狐蹤。」帝曰：「大師大德為甚麼總看經？」師曰：「水母元無眼，求食須賴鰕。」帝曰：「既是後生，為甚麼卻稱長老？」師曰：「三歲國家龍鳳子，百年殿下老朝臣。」師後遊河朔，於平陽示滅。荼毗獲舍利，建四浮圖：一晉州，一房州，一終南山逍遙園，一華嚴寺。諡寶智禪師、無為之塔。

（據《五燈會元》卷十三）

京兆蜆子和尚

京兆府蜆子和尚，不知何許人也。事蹟頗異，居無定所。自印心於洞山，混俗閩川，不畜道具，不循律儀。冬夏唯披一衲，逐日沿江岸採掇鰕蜆，以充其腹。暮即宿東山白馬廟紙錢中。居民目為蜆子和尚。華嚴靜禪師聞之，欲決真假，先潛入紙錢中。深夜師歸，嚴把住曰：「如何是師西來意？」師遽答曰：「神前酒臺盤。」嚴放手曰：「不虛與我同根生。」嚴後赴莊宗詔入長安，師亦先至。每日歌唱自拍，或乃伴狂泥雪，去來俱無蹤跡，厥後不知所終。

（據《五燈會元》卷十三）

京兆三相和尚

京兆府三相和尚，僧問：「如何是無縫塔？」師曰：「覓縫不得。」曰：「如何是塔中人？」師曰：「對面不相見。」問：「如何是西來意？」師曰：「雪覆孤峯白，殘照露瑕痕。」

（據《五燈會元》卷十三）

紫陵匡一禪師

鳳翔府紫陵匡一定覺禪師，初到蟠龍，見僧問：「碧潭清似鏡，蟠龍何處安？」龍曰：「沉沙不見底，浮浪足巑岏。」師不肯。龍請師道，師曰：「金龍

迴透青霄外，潭中豈滯玉輪機。」龍肯之。住後，僧問：「未作人身已前，作甚麼來？」師曰：「石牛步步火中行，返顧休銜日中草。」問：「智識路絕，思議並忘時如何？」師曰：「停囚長智，養病喪軀。」

（據《五燈會元》卷十三）

京兆香城和尚

京兆府香城和尚，初參北院，問曰：「一似兩箇時如何？」院曰：「一箇賺汝。」師乃有省。僧問：「三光景色謝照燭事如何？」師曰：「朝邑峯前卓五彩。」曰：「不涉文采事作麼生？」師曰：「如今特地過江來。」問：「向上一路，請師舉唱。」師曰：「釣絲鉤不出。」問：「牛頭還得四祖意否？」師曰：「沙書下點落千字。」曰：「下點後如何？」師曰：「別將一撮俵人天。」曰：「恁麼則人人有也。」師曰：「汝又作麼生？」問：「囊無係蟻之絲，廚絕聚蠅之糝時如何？」師曰：「日捨不求，思從妄得。」

（據《五燈會元》卷十三）

青峯義誠禪師

鳳翔府青峯義誠禪師，僧問：「三際不生，是何人境界？」師曰：「白雲連雪嶽，明月混魚鉤。」曰：「未審向上更有事也無？」師曰：「有。」曰：「如何是向上事？」師曰：「靈光爍破琉璃色，大地明來絕點痕。」問：「如何是青峯家風？」師曰：「向火喫甜瓜。」

（據《五燈會元》卷十四）

芙蓉道楷禪師

東京天寧芙蓉道楷禪師，沂州崔氏子。自幼學辟穀，隱伊陽山。後遊京師，籍名術臺寺，試《法華》得度。謁投子於海會，乃問：「佛祖言句，如家常茶飯。離此之外，別有為人處也無？」子曰：「汝道寰中天子敕，還假堯舜禹湯也無？」師欲進語，子以拂子師口曰：「汝發意來，早有三十棒也。」師即開悟，再拜便行。子曰：「且來！闍黎。」師不顧，子曰：「汝到不疑之地邪？」師即以手掩耳。後作典座，子曰：「廚務勾當不易。」師曰：「不敢。」子曰：「煮粥邪？蒸飯邪？」師曰：「人工淘米著火，行者煮粥蒸飯。」子曰：

「汝作甚麼？」師曰：「和尚慈悲，放他閒去。」一日侍投子游菜園，子度拄杖與師，師接得便隨行。子曰：「理合恁麼？」師曰：「與和尚提鞋挈杖，也不為分外。」子曰：「有同行在。」師曰：「那一人不受教？」子休去。至晚問師：「早來說話未盡。」師曰：「請和尚舉。」子曰：「卯生日，戌生月。」師即點燈來。子曰：「汝上來下去，總不徒然。」師曰：「在和尚左右，理合如此。」子曰：「奴兒婢子，誰家屋裏無？」師曰：「和尚年尊，闕他不可。」

子曰：「得恁麼殷勤！」師曰：「報恩有分。」住後，僧問：「胡家曲子不墮五音，韻出青霄，請師吹唱。」師曰：「木雞啼夜半，鐵鳳叫天明。」曰：「恁麼則一句曲含千古韻，滿堂雲水盡知音。」師曰：「無舌童兒能繼和。」曰：「作家宗師，人天眼目。」師曰：「禁取兩片皮。」問：「夜半正明，天曉不露。如何是不露底事？」師曰：「滿船空載月，漁父宿蘆花。」問：「如何是曹洞家風？」師曰：「繩牀風雨爛，方丈草來侵。」問：「如何是直截根源？」師曰：「足下已生草，舉步落危坡。」上堂：「晝入祇陀之苑，皓月當天。夜登靈鷲之山，太陽溢目。烏鴉似雪，孤鴈成羣。鐵狗吠而凌霄，泥牛鬪而入海。正當恁麼時，十方共聚，彼我何分？古佛場中，祖師門下，大家出一隻手，接待往來知識。諸仁者，且道成得箇甚麼事？」良久曰：「剩栽無影樹，留與後人看。」上堂：「纔陞此座，已涉塵勞。更乃凝眸，自彰瑕玷。別傳一句，勾賊破家。不失本宗，狐狸戀窟。所以真如凡聖，皆是夢言。佛及眾生，並為增語。到這裡迴光返照，撒手承當。未免寒蟬抱枯木，泣盡不回頭。」上堂：「喚作一句，已是埋沒宗風。曲為今時，通途消耗。所以借功明位，用在體處。借位明功，體在用處。若也體用雙明，如門扇兩開，不得向兩扇上著意。不見新豐老子道，峯巒秀異，鶴不停機。靈木迢然，鳳無依倚。值得功成不處，電火難追。擬議之間，長途萬里。」上堂：「臘月三十日已前即不問，臘月三十日事作麼生？諸仁者到這裡，佛也為你不得，法也為你不得，祖師也為你不得，天下老和尚也為你不得，山僧也為你不得，閻羅老子也為你不得。直須盡卻今時去，若也盡卻今時，佛也不奈他何，法也不奈他何，祖師也不奈他何，天下老和尚也不奈他何，山僧也不奈他何，閻羅老子也不奈他何。諸人且道，如何是盡卻今時底道理？還會麼？明年更有新條在，惱亂春風卒未休。」問：「如何是道？」師曰：「無角泥牛犇夜欄。」上堂：「鐘皷喧喧報未聞，一聲驚起夢中人。圓常靜應無餘事，誰道觀音別有門。」良久曰：「還會麼？休問補陁巖上客，鶯聲啼斷海山雲。」上堂，拈拄杖曰：「這裡薦得，盡是諸佛建立邊事。直饒東湧西沒，卷舒自在，也未夢

見七佛已前消息。須知有一人，不從人得，不受教詔，不落階級。若識此人，一生參學事畢。」驀召大眾曰：「更若凝睇，不勞相見。」……

（據《五燈會元》卷十四）

福應文禪師

長安福應文禪師，上堂：「明明百草頭，明明祖師意，直下便承當。錯認弓為矢，惺惺底築著磕著，懵懂底和泥合水。龜毛拂逼塞虛空，兔角杖撐天拄地。日射珊瑚林，知心能幾幾。」擊禪牀下座。

（據《五燈會元》卷十四）

天寧齊璉禪師

長安天寧大用齊璉禪師，上堂：「清虛之理，佛祖同歸。畢竟無身，聖凡一體。理則如是，滿目森羅事作麼生？纖塵絕際，渠儂有眼，豈在旁窺。官不容針，私通車馬。若到恁麼田地，始可隨機受用。信手拈來，妙應無方。當風玄路，值得金針錦縫，線腳不彰。玉殿寶階，珠簾未卷。正當此時，且道是甚麼人境界？古渡秋風寒颯颯，蘆花紅蓼滿江灣。」

（據《五燈會元》卷十四）

藍田縣真禪師

藍田縣真禪師，僧問：「如何是大定門？」師曰：「拈柴擇菜。」上堂：「成山假就於始簣，修途託至於初步。上座適來從地爐邊來，還與初步同別？若言同，即不會不遷。若言別，亦不會不遷。上座作麼生會？還會麼？這裡不是那裡，那裡不是這裡。且道是一處兩處？是遷不遷？是來去不是來去？若於此顯明得，便乃古今一如初終。自爾念念無常，心心永滅。所以道觀方知彼去，去者不至方。上座適來恁麼來，卻請恁麼去。參！」

（據《五燈會元》卷十五）

天衣義懷禪師

越州天衣義懷禪師，永嘉樂清陳氏子也……長遊京師，依景德寺為童行。天聖中，試經得度。謁金鑾善葉縣省，皆蒙印可。遂由洛抵龍門，復至都下，

欲繼宗風。意有未決,忽遇言法華,拊師背曰:「雲門臨濟去!」及至姑蘇,禮明覺於翠峯。覺問:「汝名甚麼?」曰:「義懷。」覺曰:「何不名懷義?」曰:「當時致得。」覺曰:「誰為汝立名?」曰:「受戒來十年矣。」覺曰:「汝行腳費卻多少草鞋?」曰:「和尚莫瞞人好!」覺曰:「我也沒量罪過,汝也沒量罪過。你作麼生?」師無語。覺打曰:「脫空謾語漢,出去!」入室次,覺曰:「恁麼也不得,不恁麼也不得,恁麼不恁麼總不得。」師擬議,覺又打出。如是者數四。尋為水頭,因汲水折擔,忽悟,作投機偈曰:「一二三四五六七,萬仞峯頭獨足立。驪龍頷下奪明珠,一言勘破維摩詰。」覺聞拊几稱善。後七坐道場,化行海內,嗣法者甚眾。

(據《五燈會元》卷十六)

唐長安化靈寺智該

大唐靈化寺故大德智該法師之碑〔註205〕

弘福寺明濬法師制文　普光寺沙門明解書

法師俗姓王氏,琅耶人也。世因澁秩,爰居豫州……隋煬帝搜揚法侶,大建仁祠,以法師德風遐扇,崇禮徵屈,而請往慧日道場,為千僧總任……黎元薦臻於八苦,區寓沸騰於五濁。……避地入關。屬大唐啟聖,納錄乘時……皇帝龍潛之日,遠挹清猷,別奏招迎,請居月愛。法師以出處隨化,動寂唯宜,聿膺聖命,宣風開里。新口王為建講檀越……請開《華嚴》、《法華》,以啟口會。法師乃【承】盧舍那之素業,開佛知見之玄宗。談柄才麾,詞雷般震;微言暫吐,法雨霑露……高密長公主駙馬、紀國公【段】綸企承德言,推誠頂禮,請居靈化。頻建法筵,一心虔奉,四事周洽。又於京城諸寺,講《涅槃》、《維摩》、《般若》等經,攝《大乘》、《中百》、《唯識》等論。斯乃鳩集疏記,覃思玄章,【共】有二十萬言,勒成一十三卷……然以本寂圓宗,末學方駕,南北興鼠首之執,當見懷猶豫之【疑】故復研祥首,口【商】略異說,撰辯定口正論一卷,使有識知歸……且世經四主,身歷二朝,亟入承華,屢弘正法,遐邇推德,朝野歸心……加以心足清口,口千名烈,回其信施,修葺伽藍三事,雖亡,四勤逾勵……粵以貞觀十三年歲次己亥六月三日,微覺貶和。至七日夜中,命諸弟子【於】口懇傳授心地法門,勤勤委口,詞色無擾。八日平旦口神於靈化本房,

---

春秋六十有二……卻以其月十日，道俗學士數千人，奉旨送往終南山，闍維於椴梓谷。弟子智義、玄達、真顧等四十七人，共收灰燼，標塔表靈……

（據秦珠《長安發現唐智該法師碑》，《考古與文物》1985 年第 4 期）

唐安陽慧潤寺慧口

法師諱慧口，河間平舒人也。俗姓樂氏……貞觀八年，奉詔入京都。法師年將九十，志性沉靜，深憚口口，乃口老病，得停遠涉……

（據寶山靈泉寺《慈潤寺故大慧口法師灰身塔銘》）

唐長安化度寺僧海

大唐化度寺故僧海禪師，年六十有六，俗姓劉，綏州〔註206〕上縣人也。永徽五年十一月八日卒。禪眾以顯慶二年四月八日於信行禪師所起方墳焉。顯慶三年歲次二月廿五日癸巳建。

（據《十二硯齋金石過眼錄》〔註207〕卷九《僧海禪師墓誌》）

唐長安光明寺口慧了

法師口慧了，俗姓宋氏……法師道心天縱，解行自然，不假薰修，已達四禪〔註208〕之趣；無勞雕琢，便登八正〔註209〕之途。七歲出家，久著老成之德；十三依眾，早識性相之原。有信行禪師者，釋氏之冠冕，桑門之棟樑。達究竟於沖襟，窮權實於靈府。濟群生於正覺，闢眾品於重昏。一見法師，歎之良久。曰：「紹隆三寶，非佛子而誰？法師遊刃三乘，括囊十地〔註210〕。闡龍宮之奧旨，演鹿野之微言。遠近歸依，道俗鑽仰。爾乃心敦寂滅，志絕攀緣，晦跡林泉，韜光岩谷。

文帝既行輪王之聖教，將窮正法之玄宗。敕令太子太保宋公瑀大德僧內

〔註206〕綏州：古地名，治在今陝西綏德。
〔註207〕【清】汪鋆：《十二硯齋金石過眼錄》，《石刻史料新編·第一輯》第 10 冊，臺灣：新文豐出版公司，1977 年。
〔註208〕四禪：佛教中四種修禪的方法，即觀禪、練禪、薰禪、修禪。
〔註209〕八正：即八正道，又叫八聖道，為正見、正思惟、正語、正業、正命、正精進、正念、正定。
〔註210〕十地：又作十住，指修行後達到的十種不同境界。

銓簡三人，所以辟召。法師方擬對揚宸極，宋公，共論法相，鄙吝便祛，似遇天親〔註211〕，如逢無著〔註212〕。因而居口口範緇徒。其有鏤腹決疑，杖錫請法，咸剖錯節，俱釋盤根。但口口居諸，晦明迭代，崦光易落，閱水難留，既傷壞木之歌，還切口舟之歎。顯慶元年八月五日寢疾遷神於光明寺禪坊，春口口十有四。即以二年二月十五日於終南梗山梓谷，禪師口口口骨起塔。

（據《金石續編》〔註213〕卷五《光明寺慧了塔銘》）

唐咸陽德業寺明遠

維大唐顯慶三年五月壬午朔，即以其月十三日景申葬於成陽縣之陵……明遠師者，俗姓庾氏，并州人也。韶齔之年，崩於覆葫；嬰妖之歲，早亡於恃怙。生長閨庭，罔知桑梓；九重養性，叵究門宗。但行潔冰雪，志同圭璧，正觀澄神，調心瑩識。舊疾暴增，大漸將至。五月十二日奄從風燭。春秋六十三歲，和上闍梨，訓之情倍增傷悁。口居同學，痛口隨之永隔，悼三口之長人。口口二百餘人，慘愴不追，涕零淒斷。

《隋唐五代墓誌彙編》〔註214〕陝西卷第三冊《德業寺故尼明遠銘》

唐咸陽德業寺法矩

師諱口，俗姓周，沼州人也。先世為相，五族封侯，俱稟英賢，光儀父徽。矩師童口仙心，胸衿孝質。幼而蔬食口口信珍口口用溺於友口。恒怖羅於俗口，又口善口大口從之。師乃從命宮闈，方得出家，遂口本願，請道崎嶇。不憚耆口之弊，歸口口念。自就精奇徒口，氣志高清，風神朗悟，戒口同潔，身口澄淨。每遊心惠路，肆志禪門。而暴疾繁增：大漸將至。以龍朔元年八月十七日奄從遷化，葬於咸陽之嶺，春秋七十有七。師女尼惠業，昊天罔極，泣血無追。師徒姊妹等，攬涕潺湲，中情淒斷。刊岷石以述德，表嘉猷於千紀。

（據《隋唐五代墓誌彙編·陝西卷》第三冊《大唐德業寺故尼法師矩
墓誌銘》）

〔註211〕天親：世親菩薩，佛弟子，名婆藪盤豆，曾著幹部經論。
〔註212〕無著：天親之兄，梵名阿僧伽，法相宗的創始人。
〔註213〕【清】陸耀遹：《金石續編》，《石刻史料新編·第一輯》第4冊，臺灣：新文豐出版公司，1977年。
〔註214〕陳長安主編：《隋唐五代墓誌彙編》，天津：天津古籍出版社，2009年。

唐長安濟度寺法願

　　法師諱法願，俗姓蕭氏，蘭陵蘭陵人。梁武帝之六世孫，唐故司空宋國公之第三女也……群藝式甄，女儀逾劭。宋公特深撫異，將求嘉世，載佇孫龍，以光宋鯉。而嚴庭垂訓，早沐慈波……爰發宏誓，思證菩提，懼塵情於六禮，乃翹誠於十誦。承間薦謁，請離俗緣……重違雅志，許以出家，甫及笄年，爰披法服。乃於濟度伽藍別營禪次……於是沿空寂念，襲慧薰心，悅彼翼衣，俄捐綺縠，甘茲蔬膳，遽斥膻腥。戒行與松柏齊貞，慧解其沐泉等澈。超焉拔類，恬然宴坐。若乃弟兄辦供，親屬設齋，九乳流音，六銖含馥，瓶錫成萃，冠蓋畢臻。唯是瞻仰屏帷，遙申禮謁，自非至戚，罕有覿其形儀者焉。加以討尋經論，探窮閫域，覆妒路之微言，括毗尼之邃旨。至於《法華》、《般若》，《攝論》、《維摩》，晨夕披誦，兼之講說。持戒弟子近數十人，莫不仰味真乘，競趨丹枕，旁窺淨室，爭詣元扉。肅肅焉，濟濟焉。七眾之仰疊彌，何以尚也。……

　　忽現身疾，大漸之晨，謂諸親屬曰：「是身無我，取譬水萍。是身有累，同夫風葉。生死循環，實均晝夜。然則淨名申誡，本乎速朽；能仁垂則，期於早化。金棺乃示滅之要，玉匣豈棲神之宅。誠宜捐軀鷙鳥，委形噬獸。」斂衿止念，奄然無言。粵以龍朔三年八月廿六日捨壽於濟度寺之別院。春秋六十三。姊弟永懷，沉痛不忍，依承遺約，乃以其年十月十七日營空於少陵原之側。

　　　　　　　　　　（據《金石萃編》卷五十四《大唐濟度寺大比丘尼墓誌銘》）

唐長安濟度寺法燈

　　法師諱法燈，俗姓蕭氏，蘭陵人也……父璥，宋國公，贈司空……法師即太保第五女也。年甫二八，修行四諦，膏澤無施，鉛華靡飾……具戒無闕，傳燈不盡。姊弟四人，同出三界……豈曰法輪才轉，道器先摧。以總章二年十月五日遷化於蒲州相好寺，春秋卅有九。權殯於河東縣境，以永隆二年歲次辛巳三月庚午朔廿三日辛卯歸穸於雍州明堂縣義川鄉南原。

　　　　　　　　　　（據《唐代墓誌彙編》〔註215〕《法燈法師塔銘》）

〔註215〕周紹良主編：《唐代墓誌彙編》，上海：上海古籍出版社，1992年。

唐長安濟度寺法樂

法師諱法樂，俗姓蕭氏，蘭陵人也……父璃，梁新安王，隋金紫光祿大夫行內史侍郎，皇朝中書令、尚書左右僕射、特進、太子太保、上柱國、宋國公，贈司空……法師則太保之長女也。勤懇之節，爰自幼童；玄妙之體，發於岐嶷。年甫三齡，歸誠六度。脫屣高族，落髮祇園……以成亨三年九月十九日遷化於蒲州相好之伽藍，春秋七十有四。權殯於河東。以永隆二年歲次辛巳三月庚午朔廿三日辛卯歸窆於雍州明堂縣義川鄉南原。

（據《唐代墓誌彙編》《法樂法師墓誌銘》）

唐長安大慈恩寺弘道

法師以皇唐永淳元年仲冬壬寅日卒於慈恩寺翻譯院。有生五十一歲也。後十陪葬於樊川玄奘法師塔，亦起塔焉。塔有院。大和二年二月五日異時，門人安國寺三教大德賜紫法師義林見先師舊塔摧圮，遂唱其首，率東西街僧之右者，奏發舊塔，起新塔。功未半而廢作。會其徒千人盡出常所服玩，泊向來箕領金帛，命高足僧全儉俾卒其事。明年七月十三日，全儉奉行師口，啟其故塔，得全軀，依西國法焚而瘞之。其上起塔焉……

師姓尉遲，諱基，字弘道，其先朔州人……先孝宗，松州都督。伯父鄂國公，國初有大勳力。弘道身長六尺五寸，性敏悟，能屬文，尤善於句讀，凡經史皆一覽無遺。三藏法師玄奘者，多聞第一，見弘道，頗加竦敬，曰：「若得斯人，傳授釋教，則流行不竭矣。」因請於鄂公。鄂公感其言，奏報天子許之，時年二十七。既脫儒服，披緇衣，伏膺奘公，未幾而冰寒於水矣。以師先有儒學詞藻，詔講譯佛經論卅餘部，草疏義一百本，大行於時，謂之慈恩疏。其餘崇飾佛像日持經盛瑞光感應者，不可勝數。

嗟乎。弘道其家，世在朔漠，宜以茹毛飲血鬥爭煞戮背義妄信為事。今慕浮屠教，苦節希聖，深入其奧，與先鄂公佐聖立國，功成身退，出於其類，為一代賢人……

左街僧錄勝業寺沙門體虛，前安國工誑沙門智峰，右街僧錄法海寺賜紫雲端，安國寺上座內供奉內外臨壇大德方磷，寺主內供奉灌頂，都維那內供奉懷津，院主曇景，同勾當僧懷真、德循、惠皋、惠章，興教寺上座惠溫，寺主超願，都維那全契，僧道榮，僧道恩，僧瓊播、義方，巡官宋元義，安國寺

內供奉講論大德建初書。

（據《唐代墓誌彙編》《大慈恩寺大法師基公塔銘》）

唐長安實際寺懷惲（隆闡法師）

法師諱懷惲，俗張姓，南陽人也。遠祖因宦播遷京兆。廿一代祖安，晉丞相，襲爵鴻臚公。高祖融，守黃門郎，遷太子庶子。祖英，唐朝解褐太常太祝，襲爵天平公。尋轉吳王祭酒……法師聰敏為其性相，慈善資其風骨。母常山夫人樂姓。降胎之月，不味膻腥，載誕之辰，情欣禁戒。暨年登笄歲，特異諸童。或焚葉為香，或聚沙為塔。雖飛軒繡轂，未嘗留步；月宇香樓，怡然忘返。高宗天皇大帝，乘乾撫運，出震披圖，虛己求賢，明揚待士。總章元載，夢睹法師，倏降綸言，遠令虔闕。於是臨丹檻，邇青蒲，廣獻真誠，特蒙褒贊。

帝乃親授朱紱，令處鳳池之榮。師乃固請緇衣，願託鷲林之地。奉敕於西明剃落。善來忽唱，惡業疑銷。既掛三衣，俄陪四眾。翹勤口積，思五分而非遙；精苦逾深，想三祇而未遠。時有親證三昧大德善導闍梨，慈樹森竦，悲花照灼，情祛口漏，擁藤井於蓮臺；睿化無涯，驅鐵圍於寶國。既聞盛烈，雅締師資，祈解脫規，發菩提願，一承妙旨，十有餘齡。秘偈真乘，親蒙付屬。自惟薄祐，師資早喪。想遺烈而崩心，顧餘恩而雨面。爰思宅兆，式建墳塋。遂於鳳城南神和原崇靈塔，禮也。其地前終峰之南鎮，後帝城之北里。哥鐘沸出，移上界於陰門。泉流激灑，比連河於陽面。仍與塔側廣構伽藍，莫不堂殿崢嶸，遠模仞利；樓臺岌嶪。直寫祇園。神木靈草，凌歲寒而獨秀；葉暗花明，逾嚴霜而靡萃。豈直風高氣爽，聲聞進道之場；故亦臨水面山，菩薩全真之地。又於寺院造大率堵波塔，周回二百步，寺上一十三級。或瞻星揆務，或候日裁規。得天帝芳蹤，有龍王之秘跡。重重佛事，窮鷲嶺之分身；種種莊嚴，盡昆丘之異寶。但以至誠多感，能事冥資。故能遠降宸衷，令齎舍利計千餘粒，加以七珍函笥。隨此勝緣，百寶幡花，令興供養。

則天大聖皇后承九天之眷命，躡三聖之休期，猶尚志想金園，情欣勝躅。或頻臨淨剎，傾海國之名珍，或屢訪炎涼，捨河宮之秘寶。法師誠盈而散，併入擅航。法師業行高口，利益繁多。故得名振九重，芳盈四部。奉永昌元年敕，徵法師為寺主。於是綱紀僧徒，規模釋族。緇門濟齊，戒德峻而彌堅；組宇詵詵，常住豐而更實。猶是才稱物寶，道為時尊。知與不知，仰醍醐於句

偈；識與不識，詢法乳於波瀾。法師以慈誘內懷，敷揚外積。冀傳聖旨，用酬來望。每講觀經、賢護、彌陀等經各數十遍……於是言論之際，懇勸時眾，四儀之中，一心專念阿彌陀佛。願乘此勝因，口生淨域。又以般若神咒能令速證菩提，彌陀佛名亦望橫超惡趣。諸餘妙典，雖並積心臺；於此勝緣，頗偏遊智府。嘗誦大般若咒向盈卅萬，又誦彌陀真偈十萬餘遍。理復使精真厥想，念雖微而必就二三……於是廣勸有緣，奉為九重萬乘、四生六趣造淨土堂一所……又於堂內造阿彌陀佛及觀音勢至，又造織成像並餘功德。並相好奇特，顏容湛粹……法師情存拯救，式奉殷繁。汲引雖曰忘懷，形質焉能靡累，於是忽嬰風瘵，病與時侵，靈藥弗痊，胚器俄逝。豈夫八林齊白，我佛稱於寂滅；梁木其壞，吾師等於死生。以大足元年十月廿二日神遷。春秋六十有二。臨終之際，正念無虧，顏色怡悅，似有瞻囑，北首面西，奄然而化……豈直悲盈四部，嗟鹿苑之荒涼；抑亦哀悼兩宮，痛蜂臺之闃寂。猶是俯回天眷，載紆仙豪，遠降恩波，爰加制贈：奉神龍元年敕實際寺主懷惲示居三界，遠離六塵，等心境於虛空，混榮枯於物我，棟樑紺宇，領袖緇徒，包杖錫之規模，躡乘坏之懿躅。雖已歸寂滅，無待於襃揚；然寵洽友於，無忘於縟禮。可贈隆闡大法師。主者施行。上人以至德聿修，良因累著。故得天降成烈，用贊芳規，追遠慎終，生榮死贈，足可光輝淨剎，歷塵芥而長存，旌賁玄門，共河山而永久。大溫國寺主思莊等並攀號積慮，哀慕居懷。嗟覆護而無時，仰音顏而靡日。猶恐居諸易遠，淑善湮沉，敬想清徽，勒茲玄琰。

（據《金石萃編》卷八十六《隆闡法師碑》）

唐長安大龍興寺崇福

法師諱崇福，俗姓王，太原祁人……法師年弱冠，身未離俗，以為父母遺體，期於報復。先宗不嗣，罪莫大焉。雖受之以妻子，固無忘於梵行。以人代如泡幻，以冠冕為蓋纏。物我雙遺，色空齊置。時有清信者未嘗不歸依焉。奉景龍元年十二月二日敕，甄擇精恪，許令出家。而法師預焉。隸於龍興精舍，離於繫縛矣。習靜而六趣〔註216〕俱寂，修心而三明〔註217〕自炤。神遊雖誤，緣相何常，行不住因，忽焉遷化。去先天二年五月十八日泥洹寺房，春

〔註216〕又稱六道，眾生所趨向的六處境界，即地獄道、餓鬼道、畜生道、阿修羅道、
　　　　人道與天道。
〔註217〕三種智慧明達，通曉佛法的境界，即宿命明、天眼明、漏盡明。

秋七十，權瘞於長安城山。以開元九年二月廿四日遷窆於金城北原。

（據《唐代墓誌彙編》《大龍興寺崇福法師塔銘》）

唐長安淨域寺法藏

　　禪師諱法藏，緣氏諸葛，蘇州吳縣人。昔群雄角力，三方鼎峙，蜀光有龍，吳恃其虎。瑾之後裕，蟬聯姑蘇。曾祖口，吳郡太守、蘇州刺史、秘書監、銀青光祿大夫、上柱國、開國男。大父穎，隋閬州刺史、銀青光祿大夫。父禮，皇唐少府監丞……禪師即蘇州使君之曾孫，少府監丞之第二子也。年甫二八，其殆庶幾，知微知章，克岐克嶷。此寺大德欽禪師，廣世界津航，人非鑽仰。禪師伏膺寂行，禮備師資，因誦經。至永徽中，頗以妙年，經業優長，奉敕為濮王度，所謂天孫利益，禪門得人。禪師自少出家，即與眾生作大善知識，道行第一，人天殊勝。開普門之幽鑰，酌慈源之蜜波。由恐日月居諸，天地消息，每對天龍八部〔註218〕，晝夜六時，如救頭然，曾未暫捨。非乞之食不以食，以至於頭陀；非掃之衣不以衣，得之於蘭若。禪師自少於老，駝騾象馬，莫之聞乘也。以為鎔金為像非本也，裂素抄經是末也。欲使賤末貴本，背偽歸真，求諸如來，取諸佛性。世二相八十種好〔註219〕，眾生對面而不識，奈何休假以望真。且夫萬行之宗，眾相之本，生善之地，修善之境，禪師了了見之矣。夫鍾鼓在庭，聲出於外。如意元年，大聖天后聞禪師解行精最，奉制請於東都大福先寺檢校無盡藏。長安年，又奉制請檢校化度寺無盡藏。其年又奉制請為薦福寺大德。

　　……粵以開元二年十二月十九日舍生於寺，報齡七十有八……即以其年十二月廿口日施身於終南山椵梓谷屍陀林。由是積以香薪、然諸花疊，收其舍利建宰睹波於禪師塔右，自佛般入涅槃，於今千五百年矣，聖人不見，正法陵夷，即有善華月法師、樂見離車菩薩，愍慈絕紐，並演三階〔註220〕，其

〔註218〕佛教中的八部神怪——天、龍、夜叉、乾闥婆、阿修羅、迦樓羅、緊那羅、羅睺羅迦八部，因以天、龍為首，故統稱為天龍八部。

〔註219〕佛教描述佛的相貌外形中有八十種美好之處，如：一、無見頂相，二、鼻高不現孔等。見《大乘義章》二十。

〔註220〕隋代信行禪師創立的一支教派。它認為佛法修行分為三階，佛滅後一千年內為一、二階，佛滅一千年之後為第三階。這時有了教派的分歧與側重。需佛開示普真普正之佛法救化三階中人。《歷代三寶記》載：「開元十三年乙丑歲六月三日敕諸寺三階院並令除去。」

教未行，咸遭弒戮。有隋信行禪師與在世造舟為梁，大開普敬認惡之宗，將藥破病之說，撰成數十餘卷，名曰《三階集錄》。禪師靡不探賾索隱，鉤深致遠，守而勿失，作禮奉行。是故弟子將恐頹其風聲，乃掇諸景行，記之於石。

（據《唐代墓誌彙編》《大唐淨域寺故大德法藏禪師塔銘》）

唐奉天空寂

師俗姓龐，名六兒，法號空寂，右千牛將軍同本第六女也。生長貴門，棲口禪寂。年十五，自割髮帔法服，將軍不能遏。年五十二，以開元六年六月終於家。以開元廿七年八月廿四日葬於奉天縣秦川下原，祔先君之塋側也。

（據《隋唐五代墓誌彙編·陝西卷》第三冊《大唐故空寂師墓誌銘》）

唐登封會善寺景賢

大師諱景賢，菩提大通法胤也。本姓薛氏，汾陰人，世為著族。容貌秀偉，見者肅然。幼而神明，周覽傳記。弱冠投心大覺，宿好都遣……時神龍口歲也。中宗聞風，詔請內度。法眾仰德，乞留都下。大師雅尚山林，迫以祈懇，或出或處，存乎利濟，化自南國，被乎東京，向風靡然，一變於代……

（據《中州冢墓遺文補》〔註221〕《唐嵩山會善寺故景賢大師身塔石記》）

唐長安大薦福寺思恒

律師諱思恒，俗姓顧氏，吳郡人也。曾祖明，周左監門大將軍。祖元，隋門下上儀同三司、萊蕪郡開國公、使持節洪州諸軍事行洪州刺史。父藝，皇朝恒州錄事參軍。並東南之美，江海之靈。係丞相之端嚴，散騎之仁厚，以積善之慶，是用誕我律師焉。律師稟正真之氣，含太和之粹，生而有志，出乎其類。越在幼沖，性與道合。兒戲則聚沙為塔，冥感而然指誓心。乃受業於持世法師。成亨中，敕召大德入太原寺，而持世與薄塵法師皆預焉。律師深為塵公所重，每歎曰：「興聖教者，其在茲乎？」遂承制而度。

年廿而登具戒，經八夏即預臨壇。參修素行，師新疏講八十餘遍，弟子五千餘人。以為一切諸經所以通覺路也，如來金口之言，靡不該涉；菩薩寶

〔註221〕羅振玉編：《中州冢墓遺文補》，《石刻史料新編·第一輯》第13冊，臺灣：新文豐出版公司，1977年。

坊之論，皆研斫精，天下靈境所以示聖蹟也。乃涉方山五臺，聞空聲異氣，幽岩勝寺，無不經行。感而遂通，所以昭靈應也。嘗致舍利七粒，後自增多，移在新瓶，潛歸舊所。有為之福，所以濟眾品也。造菩提像一鋪，施者不能愛其寶。建塗山寺一所，仁者於是子而來。洗僧乞食，以生為限；寫經設齋，惟財所極。忘形杜口，所以歸定門也。詣秀神師，受微妙理，一悟真諦，果符宿心。寂爾無生，而法身常在，湛然不動，而至化滂流。於是能事畢矣，福德具矣。以見身為過去，則棄愛易明；以遺形為息言，則證理斯切。乃脫落人世，示歸其真。開元十四年十一月廿六日終於京大薦福寺，年七十有六。

初和帝代，召入內道場，拿為菩薩戒師，充十大德，統知天下佛法僧事。圖像於林光殿。御製畫贊。律師固辭恩命，屢請歸閒，歲餘方見許焉。其靜退皆此類也。屬纊之夜，靈香滿室，空樂臨門，悠爾而逝，若有迎者。

……弟子智舟等……其年十二月十五日，葬神禾原塗山寺東谷。

（據《金石萃編》卷七十七《思恒律師墓誌》）

唐長安興善寺法澄

法師諱法澄，字無所得，俗姓孫氏，樂安人也。吳孫權之後。祖榮，口州刺史。父同，同州馮翊縣令。法師第二女。降精粹之氣，含宏量之誠。大惠宿持，靈心早啟。鑒浮生不住，知常樂可依，託事蔣王〔註222〕，求為離俗。遂於上元二年出家，威儀戒行，覺觀禪思，跡履真如，空用恒捨，遂持瓶缽一十八事，頭陀山林。有豹隨行，逢神擁護，於至相寺康藏師處聽法。探微洞悟，同彼善才，調伏堅持，寧殊誨意？康藏師每指法師謂師徒曰：「住持佛法者，即此師也。」

如意之歲，口刑肆逞，誣及法師。將扶汝南，謀其義舉。坐入宮掖。故法師於是大開聖教，宣揚正法。歸投者如羽翮趨林藪，若鱗介赴江海。昔菩薩化為女身，於王後宮說法，今古雖殊，利人一也。中宗和帝知名放出。中使供承，朝夕不絕。景龍二年，大德三藏等奏請法師為紹唐寺主，敕依所請。今上在春宮，幸興聖寺，施錢一千貫充修理寺。以法師德望崇高，敕補為興聖寺主。法師修緝畢功，不逾旬月。又於寺內畫花嚴海藏變，造八角浮圖，馬頭空起舍利塔，皆法師指授規模及造。自餘功德不可稱數。融心濟物，遍法界以

〔註222〕唐太宗子李惲，兩《唐書》有傳。

馳神；廣運冥功，滿虛空而遇化。不能只理事塗，請解寺主。遂抄《花嚴疏義》三卷，及翻《盂蘭盆經》、《溫室經》等。專精博思，日起異聞，疲厭不生，誦經行道，視同居士。風疾現身，乃臥經二旬，飲食絕口，起謂弟子曰：「我欲捨壽，不知死亦大難，為當因緣未盡。」後月餘，儼然坐繩床，七日不動，唯聞齋時鐘聲即吃水。忽謂弟子曰：「扶我臥，我不能坐死。」臥訖遷神。春秋九十。開元十七年十一月三日也。以其月廿三日安神於龍首山馬頭空塔所。

（據《唐代墓誌彙編》《大唐故興善寺主尼法澄塔銘》）

唐長安口義寺敬節

惟大德俗姓盧，諱敬節，范陽人也。祖尚書遠藥口，棲志丘園。父樂司徒季英，閒居遁世。愍於稚子，遜以群流。放令出家，不從文秩。上可以益後，下可以利人。不累莊嚴，足陪淨藏。令投虔和上受業。年甫什歲，日頌千言。維摩妙高，飛峰口海；法華素月，吐照情田。奏梵音以雲揚，感神明而電激。厭俗之垢。王澤遐沾。落髮之貞，天魔為儡。至二十九入道具臘，寺舉都維那。二十栽，清拔僧務。造長廊四十間。不日克就。光嚴帝宇。粹表祇園。結棟凌霞，飛簷振景。士拜左顧，靡怯風搖；人謁右旋，非憂雨散。亦嘗柔外以定，定力振振；順中以如，如心奕奕。籲法橋而虹斷，切義舫之神移。莫不悼哉！何嗟及矣。以開元十七年七月十五日終於私房。春秋七十有五。窆於神和原，律也。門人處王睿延祚等……起塔崇禮，式為銘曰……

（據《金石續編》卷七《大唐口義寺故大德敬節法師塔銘》）

唐咸陽廣化寺無畏

大唐開元廿三年三藏無畏卒〔註223〕，春秋九十有九，詔鴻臚丞李現監護喪事，塔於龍門之西山廣化寺，藏其全身。

畏本釋種，甘露飯王〔註224〕之後，以讓國出家。道德名稱為天竺之冠。所至講法，必有異相。初在烏荼國〔註225〕演遮那經〔註226〕，須臾，眾會，咸

〔註223〕原文為偽刻，《潛研堂金石文跋尾》《授堂金石跋》，以及《金石萃編》等認
　　　　定為宋代人或宋以後人所作，因涉及人物事蹟不見於歷代僧傳，故亦收取。
〔註224〕當指淨飯王，是迦毗羅衛國的國王，為釋迦牟尼的父親。
〔註225〕東印度國名，見《大唐西域記》卷十。
〔註226〕又作舍那，《毗盧遮那經》的簡稱。毗盧遮那是佛真身的尊稱。

見空中有毗盧遮那四金字，各尋文排列，久之而沒。又嘗過龍河，一託駝負經沒水。畏懼失經，遽隨之入水。於是龍王邀之入宮講法。不許。彼請堅至，為留三宿而出。所載梵夾不濕一字。其神異多類此。

是歲，三藏不空於師子國從普賢阿闍梨，求開十八會金剛灌頂及大悲胎藏建壇之法。其王一日調象。俄而，群像逸，莫敢禦之者。不空遽於衢路安坐。及狂象奔至，見不空，皆頓止跪伏，少頃而去。由是舉國神敬之。

論曰：自大教東流，諸僧間以神異助化。是皆功行成熟，契徹心源。自覺本智，現量發聖。絕非咒力幻術所致也。殆自東晉尸利密已降，宣譯秘咒。要其大歸，不過祀鬼神，驅邪妄，為人禳災釋患而已。其間往往不口無假名比丘，自外國來，挾術驚愚。有所謂羅漢法者，正么魔邪術下劣之技，亦猶道家雷公法之類也。茲豈高道巨德宏禪主教者齒哉。及開元中，西域金剛智、無畏、不空三大士始傳密教，以玄言德祥，開祐至尊。即其神功顯效，幾與造化之力均焉。故三大士雖宏密教，抑本智現量發聖與？嘗慨資治通鑒稱真觀中有僧自西域來，善咒術，能令人立死，復咒之便蘇。太宗擇飛騎中壯者試之，皆如其言。因以問傅奕。奕曰：「此邪術也。臣聞邪不干正。請使咒臣。必不能行。」帝命僧咒奕。奕初無所覺。須臾僧忽僵僕。若為物所擊，遂不復蘇。此恐好事者曲為之辭。何則？若使果有是則。僧非真僧。咒非真咒。正謂邪術耳。固不足以張吾教之疵也。矧萬萬無此理。向使彼能自西域遠至長安，厥術能死人而復蘇。乃不暇自衛其身，對常人無故而僵死，雖兒童莫之信也。又當是時三大士者雖俱未至，若京城大德僧惠乘、玄琬、法琳、明瞻諸公其肯坐視絕域偽僧破壞教門，不請峻治，乃留帝命傅奕辨耶？佛制戒律，雖春蹊生草，猶不許比丘踐之，恐害其生，況說斷人命咒，傳於世乎？故予謂好事者曲為之辭，斷可見矣。

（據《金石萃編》卷八十二《西山廣化寺三藏無畏不空法師塔記》）

唐終南山廣福寺靜業

和尚張氏，法名突，靜業道號也。晉潞人。累代田家子。母遺腹孕十八月，夜方寢，夢道士赤身躄踴而入，涼呼間，醒而娩。異香撲鼻，經宿乃散。

顙高目秀，口方顴聳，眉長接鬢。生期月，母卒，寄養叔家。三歲叔亦殄。鄰人矜之，輒東食西宿。越八載，年十一，丐食入秦，至終南廣福寺，遂落髮焉。師靈悟者，徒數十人，特奇其貌，親授佛經，日數千言。命習書，三

年名大噪。又善畫山水，性嗜靜，閉門磨兜〔註227〕，嘗數日不食。潛窺之，凝神端坐，鼻息俱寂。

甫十九歲，無疾而僵。師甚慟之，葬從豐焉。後三載，有相識者曾遏於長安市。

天寶二年仲秋上旬郭曖撰書。

（據《陝西金石志》卷十二《大唐廣福寺靜業和尚墓誌》）

唐長安空寂寺大福

師族於張，家於豐，含育在胎，異氣所感。誕厥彌月，其目猶閉。有異僧見而驚曰：「此西夏之聖者，當度眾累，以宏大乘。」雙眸忽開，允符授記。其訃也，識泯智葉，意裁道牙。其緇也，行苦業淨，福薰果孰。初於西明寺精《五分律》。後於南荊州宗大通師。默領法印，潛通幽鍵。大通謂師曰：「萌乃花，花乃實，可不勉矣。」師聞之惕息，言下而悟。以為不生者生，起心則妄；無說是說，對境皆空。師得法而還。大師承詔而至。雖有靈山之別，不異龍花之會。無何，大通居東洛。師願偕往。大通錫以如意杖曰：「吾道盡在於茲。」以為如意杖者，比如意珠也。用之不盡。可教西土之眾。於是我師遂留。施物以安，誘物以漸。慈攝神鬼，威伏虎狼，昆蟲草木，罔不沾潤。

景龍歲，敕授塗山寺上座。嘗有神僧宴居曰：「後四十年間，當有勝士繼口是處。」事由冥契，因以宿感。我師應焉。又授薦福、慶山、龍興三寺上座。皆承天詔，允從人願。時之口名。於我何有？後經行於聊，浮東山曰：「恩公有記生之石，豈惟南嶽，古猶今也，此地口可終焉。」開元廿六年五月五日果敕置空寂寺。泉出景中，花雨象外。我師未兆而見，亦先天而不違。岑嶺邐氏，川源沃口，實為勝口，愜於所得。道侶精構。安國寺，以睿宗舊邸，肅宗躍龍之所，資於法器，以住持也。總持寺口遠口口口又請安居。口凡及聖，推賤等貴。

久而謂門人曰：「理本無礙，寧係我身？物皆有終，寧住於世？」以天寶二年二月廿二日右脅而臥，隨化口也。國慟悲號，天地變色，八十九甲子矣，

〔註227〕當即磨兜堅省稱。磨兜堅，又作摩兜鍵。唐段成式《酉陽雜俎》卷十一《廣知》：「鄧城西百餘里有穀城，谷伯綏之目，城門有石人焉。刊其腹云：摩兜鍵，摩兜鍵，慎莫青。疑此亦同太廟金人《緘口銘》。」引為慎言意。

六十三僧臘矣。精氣已去，容狀不改，眉生髮長，與世殊異。其年八月十八日入塔。

尚書主客員外郎陸海撰。

安國寺沙門惟嵩書。

（據《八瓊室金石補正》〔註228〕卷六十七《空寂寺大福和上碑》）

唐盱眙先福寺仁節

師諱仁節，俗姓張，澤州高平人也。母初妊，夢白光照室，生而有異相，眉目澄秀，手過於膝。七歲不肉食，不衣紈彩，恥從諸兒戲弄。父為館書生，授詩禮數，不受教。書生呵責之。師曰：「自性具足，實無可學。諸法空寂，亦無所說，何用讀書為？」書生曰：「小子敢爾，吾獨不能教汝邪？」師因詰以經義。恍不能對。師曰：「未能利己，焉能利人。」書生大慚服。其父聞之，曰：「此兒夙生法器，已能出離世間。當求正眼，證了真際。」……

玄宗皇帝早服高悟，召入內殿，躬問心要。欲以如來衣易居服。懇託至三，請俟他日。乃受澤州司馬，改號玄寂，並賜章服，具適其所從。師以應緣未畢，願歸海上。詔復其所。將戒行，有大乘雲禪師者，領徒五百，迎詣丈室，祈稟機訣。師曰：「若欲問佛，即心是佛。若欲問道，無心是道。心體清淨，與虛空等。不可執取，亦無證解，如如自然，乃是真覺大眾。此是自身中事，莫認他人語句。努力珍重。」師還抵舊住，有南山暉禪師來勞跋履……

（據《樂靜集》〔註229〕卷七《敕諡靈慧大師傳》）

唐安陽靈泉寺玄林

禪師諱玄林，堯城人也，俗姓路氏……禪師襟靈爽岸，神氣儁遠，生而克岐，弱不好弄。初遊神書府，精意儒術，睹百氏之奧，窮九流之源。平叔之疑義兩存，康成之未詳多闕。莫不窮賾至妙，剖析理體。渙若冰釋，朗然雲開。至如枝拒躡張，步騎彈射，人則曠劫，藝皆絕倫。後讀阿毗曇藏，遂發心入道，依龍興寺解律師學業。依年受具，隸居靈泉佛寺……

景龍三年敕追與僧元散同為翻譯大德。累表懇請，詔許還山。禪師自居

〔註228〕【清】陸增祥：《八瓊室金石補正》，《石刻史料新編・第一輯》第 7 冊，臺灣：新文豐出版公司，1977 年。

〔註229〕【宋】李昭玘：《樂靜集》，文淵閣《四庫全書》本。

此寺，凡六十年，或宴坐林中，累日忘返；或經行岩下，逾月不還。跡異人間，行標物表。每遊峰選勝，建塔崇功……今山上數十處有率堵波者，即其事也……禪師遍寫藏經，以導學者。德實無量，行非有涯。不惟總持辯才，禪定智慧而已。故騰聲洛下，獨步鄴中……

天寶五載十二月十日因閱僧務，詣至德里，回首西方，端坐如定。不疾而化。春秋九十餘，僧臘七十一。日黑震驚，車徒奔集，雷慟雨泣，隘谷填山。粵以其月十七日遷靈坐於本寺。禪師真身忽然流汗。是知因生有滅，乃現真空，示聖出凡，獨標靈相……

（據《安陽縣志・金石錄》〔註230〕卷四《唐故靈泉寺玄林禪師神道碑》）

唐長安崇敬寺淨覺

禪師本姓李，名隸於崇敬寺，自稱曰淨覺，號之曰方便慈，眾稱之曰大慈。春秋五十九，僧臘凡卅矣。開元初，悟三世之有，劃萬物之緣，捨俗出家，懇心趣道，住持禁戒，受具聲聞……初趣於大智和上，懸解禪門。後謁於大照禪師，吻合心地。其後住終南諸寺，亦十餘稔。或投陀曠野，或宴居山林，外示端嚴，內口汲引。而心入於無聞勞矣。天寶五載十月廿九日化滅於靜恭里第。今終於第不於僧房者，蓋在俗有子曰收，致其憂也。臨終曰：「塗芻禮也。法門儉，吾從眾。」……頃葬於萬年縣洪固鄉畢原之東南。至七載十一月甲申建塔於此原之腹。

（據《唐代墓誌彙編》《大慈禪師墓誌》）

唐荊州大雲寺惠真

和尚諱惠真，南陽冠族張氏也。父大禮，銀青光祿大夫、坊州刺史……大夫人陳氏，誦《法華經》，屢有祥應。既誕和尚，體益康寧而衾褥彌潔。每啼，聞誦經則止而聽之。六歲發言，輒諧經義。七歲誦書，日記萬言。默誦《法華經・安樂行品》。因捨儒學，專精大乘。年十三剃度，隸西京開業寺。事高僧滿意。意公門人皆釋侶圭璋。和尚年幼道尊，以為之冠。

十六受十戒。持護峻整，名重京師，進舉經旨，遍覽毗尼〔註231〕，意謂

〔註230〕【清】貴泰等修：《安陽縣志》，清嘉慶24年刻本。
〔註231〕律藏的梵名。

未圓，尋文果闕。乃往天竺求梵本。至海上。遇淨三藏自摩竭陀〔註232〕還。淨公謂曰：「西方學者亦殊宗貫，假欲詮正，如異執柯。」因悉授所齎律集。與之俱返。才二年間，罔不懸解，手續成部，名曰《毗尼孤濟蘊》。始以五月十六日結夏安居〔註233〕。僧聞盡愕，喧然雷動。門人來問。答曰：「迦利底迦星〔註234〕，此其候。」門人未達。既而，無畏三藏以五月十五日至京師。眾僧怪而問故。三藏曰：「吾視迦利底迦星合時來，正當日結夏耳。迦利底迦星即火星也。」由是緇林聳歡與聖人合符……

梵僧長老尚多初至長安。和尚修謁，膜拜方半，多公喜曰：「爾非真耶？」留之座隅，密付心要。當陽弘景禪師，國都教宗，帝室尊奉，欲以上法靈境歸之。和尚表請京輔大德一十四人同住南泉，以和尚為首。昔智者大師受法於衡嶽祖師，至和尚六葉。福種荊土，龍象相承。步至南泉，歷詮幽勝，因起蘭若居焉。地與心寂，同吾定力；室與空明，同吾惠照。躬行勤儉，以率門人。人所不堪，我將禪說。至於舍寢息，齊寒暑，食止一味，茶不非時。嘗遇歲荒，野人茹草，和尚如之。門人勤諭。對曰：「順正行事，亦如來教也。」

中宗聞之，將以禮召。時弘景禪師在座，啟於上曰：「此人遙敬則可，願陛下不之強也。」

撰《菩提心記》，示心初因，開佛知見。升堂入室者，則必親授此……要因四攝〔註235〕，成就五身。始以上觀〔註236〕悟入，終於蓮花正受。平等法門，究竟於此……

（據《文苑英華》〔註237〕卷八六《荊州南泉大雲寺故蘭若和尚碑》）

唐長安法雲寺辯惠

禪師釋名辯惠，字嚴淨，俗姓房氏，清河人也。家聲世德，前史遞書。曾

〔註232〕印度古園名，王舍城所在。《大唐西域記》卷七。

〔註233〕行夏安居。《荊楚歲時記》云：「四月十五日，天下僧尼就禪剎掛搭，謂之結夏。」安居，印度僧徒每年有兩次禁止外出而專心在寺內坐禪修行，稱為安居，有夏、臘兩安居。又叫坐夏、坐臘。

〔註234〕《一切經音義》卷十一：「迦利邸迦，唐言昴星。」迦利底迦，又作迦絺那。迦絺那為僧衣名，漢名功德衣。佛教有迦絺那月，為比丘受衣之月。但諸家譯經所定迦絺那月不同，有自四月十六日起、五月十六日起、七月十六日起等說。

〔註235〕指四攝法，為佛教中的修行方式。即布施攝、愛語攝、利行攝、同事攝。

〔註236〕疑原文誤，當作止觀，佛教術語，指停止於諦理不動，觀察體會到佛旨。

〔註237〕【宋】李昉等編：《文苑英華》，北京：中華書局，1966年。

祖父皇金紫光祿大夫、衛尉卿、贈兵部尚書、清河忠公諱仁裕。王父皇銀青
光祿大夫、冀州刺史、膠東成公諱先質。烈考皇朝太子文學諱溫。國華人望，
士林宗範。禪師九歲，祖母鄴圻郡君王氏薨，百日齋，度為沙彌尼，薦以景
福，承尊命也。嗚呼！所天服縭，哀毀棄背，煢煢孤幼，慈親訓育。確然壹
心，成先志也。十八受半戒，廿受具戒。才三日，於東都大安國寺通誦聲聞戒
經。聖言無遺，清音如貫。釋門稱以敏識。啟心要於大照禪師，依教任於悟空
比丘尼。堅持禁律，深證圓覺，法流宗以精進。及空禪師亡，正名隸於西京法
雲寺宿德無上律儀之首，由是依止焉。常以禪師總持內密，毗尼外現，每見
稱歎，得未曾有。方期弘長度門，永延壽福。豈圖命偶深疾，藥無良醫。以天
寶十三載十二月廿二日於延康里第趺坐正念，德音具存，椎磬焚香，超然乘
化。僧臘卅有四，享年五十三……粵以來年二月十二日壬寅遷座於城南畢原。
稟前命也。穿土為空，去棺薄窆。弟子姪女照、弘照等，泣奉遺願，敢違話
言……

（據《隋唐五代墓誌彙編·陝西卷》第四冊《唐法雲寺辯惠禪師銘》）

唐長安荷恩寺常一

大唐荷恩寺故大德法津師塔銘並序

門人供奉談論大德沙門銳璨述

荷恩寺故大德諱常一，諡曰法津禪師，俗姓姚，河南河清人也。曾祖緯，
朔方節度。祖信，秦州成紀縣令。考恭，隴右南使飛磷監。和上即監之仲子
也。體質爽悟，精明獨在，性惟仁孝，行實溫恭。開元中，依襄陽明津師所
出家受具。旋至長安花岩法師所聽花岩經，又於東京大照禪師所習定宴座。
遂隱跡秦州靈鷲山。臥石席茅，松蘿為宇。至天寶中，採藥崆峒，遇逢天使。
道與時會，名稱上聞，徵入京師，住寶臺寺。加以懸鑒來事，見重時君。得
大總持，固能攝護。外假藥妙，內實知人。尋丁家釁，表請歸葬。奉敕知師
忠孝，賜絹五十匹。自衛神櫬，至於隴陰。遇肅宗皇帝巡狩朔裔，師次平涼。
吾師獨出州城，遠迎法駕。肅宗一見，命曰宗師，仍令招慰州縣官吏。河洛
既清，飛錫上國，權住荷恩寺。奏免常住兩稅，至今不易。又還官收土地廿
二頃。恩命令立豐碑在於寺普潤莊也。至德中，為肅宗皇帝設齋，慶雲晨見，
詔曰：「卿雲在天，紛鬱呈瑞。允符降誕之日，更啟光宅之時，表師之精誠
也。賜絹一百匹，香一合。師為朕精誠廣修功德，所至之處，必有禎祥，更

此設齋，尤加口願。」上元年中，奉敕於三原縣化城寺修功德。芝生於廊柱，從未及脯（脯？），漸長數倍。詔曰：「蓮宮效異，芝菌發祥。豈唯圖牒可披，固是神明所祐。」又奉敕於化度寺修功德，文殊菩薩忽見神光。詔云：「至誠所感，神應如答。」師精誠懇發，靈貺遂彰。景福延長之徵，祓氛必滅之兆。寶應年中，蒙賜紫袈裟及金鉤。詔曰：「師蕃邸疇舊，早悟菩提。志行既精，勝因斯著。端午之節，宜錫寵章。屢奉詔書，頻蒙厚命。加以齋唯一食，諦念六時，存四攝以利人，棄匹夫之獨善。」前後奏置寺一十二所，度僧一千餘人。忽焉示疾彌留，會緣將畢。奉敕令有司造檀像寶幡，送至院內。以大曆五年八月十七日隱化於京城荷恩寺，春秋七十二，僧臘五十一。臨終表辭，詔曰：「師久修八正，歷事三朝。志行淳深，精勤不替。何期奄從遷化，軫悼良深。賜絹卅匹，布卅端。」賜塔院於萬年縣洛女原。遣將軍段物華備陳奠，祭曰：「萬化應變，百齡有涯。未際真常，咸歸生滅。惟師平昔，早悟香緣，青春捨家……豈謂悟生若幻，知閱逝川，俾申菲奠，歆此行潦。」諡曰法津禪師，仍配荷恩寺。未逾歲，時代宗皇帝以萬方為心，憂勞興疾。夢寐之際，遂見吾師奉獻神膏，未逾翌日，厥疾乃瘳。遂賜院額號醫王寺，令將軍段公等就寺為師設千僧會。其夜昏後，寺中聖容忽見，毫相直照塋門，卷而又舒，凡廿四度。又聞天樂響空，得未曾有。詔曰：「釋門梵宇，福庇人寰。爰賜嘉名，用旌法界。師等勤於護念，持有感通，光相昭然，深可歎異。」賜磚五萬口，為師造身塔，高卅尺……

元和二年歲次丁亥四月八日弟子荷恩寺大德沙門法開建。

（據王世平、朱捷元：《西安東郊新發現的唐法津墓誌及塔銘》，《考古與文物》叢刊第 3 號，1983 年 11 月）

唐長安淨住寺智悟

公俗姓劉，諱仲丘，彭城郡人也……曾祖如顧，志高泉石，脫略軒榮……祖元福，皇華州下邽縣令……而公則下邽之愛子也。公淳孝自然，博雅天縱，混流俗而不染，處濁亂而哺糟，雅好無為，深精元妙，視軒冕如桎梏，等金帛如塵埃。上迫父命，強為婚媾。晚歲歸道，永愜私心。法宇窮不二之門，蓮宮契三禪之妙。公以持律為業，一食長齋，久染微屙，心齊生滅，積以成疾，藥物無徵，漸至彌留，奄先朝露。行年六十有五，殞於來庭坊之私第……以大

曆六年十二月二十日葬於蘭田縣〔註238〕鍾劉村之東原，禮也。公在俗有子四人……長子會州黃石府別將賜緋魚袋光歸，次子朝議大夫、守內侍省奚官局令、上柱國光順，第三子朝議郎、守內侍省內府局令，上柱國光玭，季子絳州新田府折衝、賜紫金魚袋、上柱國光暉等。

（據《關中石刻文字新編》〔註239〕卷四《大唐故淨住寺智悟律上人墓誌銘》）

唐長安真化寺如願

大曆十年歲次乙卯五月廿九日，律師薨於長安真化寺之本院。律師法諱如願，俗姓李氏，隴西人也。申公之裔，簪裾之盛。真豈寶乎？律師天生道牙，自然神秀。十一詔度，二十具圓，彌沙塞律〔註240〕，其所務也……律師謹登十臘，聲實兩高，邀臨香壇。辭不見允。望之儼然，即之溫然。其慧也月照千潭。其操也松寒萬嶺。乃曰：「威儀三千，吾鏡之矣。度門八萬，復焉在哉？」遂習以羅浮山雙峰無生之觀，位居元匠矣。

我皇帝篡聖君臨，千佛付囑。貴妃獨孤氏葛覃蘊德，十亂匡時。受道紫宸，登壇黃屋。因賜律師紫袈裟一副。前後所錫錦綺繒帛凡數千匹。以旌其高，燦乎盈庭，了無是相，道何深也。由此敕書疊篋。中使相望。御馬每下於雲霄，天花屢點於玉砌。締構多寶塔，繕寫《蓮華經》，環廊繚紐，金剎熠耀，額題御劄。光赫宇宙。皆吾君之特建，亦貴妃之為國宏哉。

噫！律師擲缽他方，應遽還於靜室，散花上境，何便住於香天。顏貌如生，若在深定，曲肱右脅，湛然已滅。春秋七十六，法夏五十六年。具以上聞，皇情憫焉，中使臨弔，賻贈之禮，有加常等……

弟子長樂公主與當院嗣法門人登壇十大德尼常真，敕賜弟子證道、政定、證果寺大德凝照、惠照、凝寂、悟真、資敬寺上座洪演、寺主孝因、律師真一、遠塵、法雲寺律師遍照等，凡數潛人……即以冀年七月十八日奉敕法葬於長安城南畢原塔之禮也。

（據《唐代墓誌彙編》《唐國師故如願律師諡大正覺禪師誌銘》）

〔註238〕即陝西藍田。

〔註239〕【清】毛鳳枝：《關中石刻文字新編》，《石刻史料新編・第一輯》第22冊，臺灣：新文豐出版公司，1977年。

〔註240〕佛教律書彌沙塞部和醯五分律的略稱。

唐長安（上都）法界寺正性

闍梨裴族，釋號正性，河東聞喜人。曾祖諱光庭，皇朝侍中、吏部尚書、忠獻公。祖諱積，祠部員外郎，贈太子賓客、正平公。考諱倚，任駕部郎中、御史中丞。闍梨即郎中之愛女。胤襲卿相，福流聰明。然離塵，資於積善，故能棄鉛華而甘落髮，斥綺縠而披壞衣。繁曜不棲於心，嗜愛永離於著⋯⋯

貞元六年八月十日現滅於櫟陽縣修善鄉之別墅，稟春秋四十有八，受菩提之夏二十有三。以其年十月八日遷神於城南神禾原郎中之塋。

闍梨初隸上都法界寺。

（據《唐代墓誌彙編》《唐故法界寺比丘尼正性墓誌銘》）

唐長安寶應寺圓敬

京師東門二里所多寶塔者，沙門靈湊等為先大師薦祉盡敬之地也。

大師諱圓敬，姓陳氏，河南陸渾人。報年六十四，經夏四十四。以貞元八年春正月厭代入滅於保壽寺〔註241〕。越十有五日，遷窆於龍首北原，距茲塔西北十餘步。

初大師入道。依本縣思遠寺微公，通《法華經》。寶應二年制度，編僧籍於東京長寺〔註242〕，受具於白馬寺本律師⋯⋯故尸羅毗尼〔註243〕以攝妄想，五部四分〔註244〕是為扃鍵。然後因定發惠。登最上乘優婆鞠多〔註245〕，由是道也。敷暢微妙，攘除癡冥。如一燈傳照。一雨潤物。宏我法者，可勝道哉。

代宗朝，徵入內道場，累詔受興善、安國、寶應等寺綱首，又充僧錄，尋授寶應寺上座，賜律院以居。授瑜珈灌頂密契之法，講《楞伽經》、《起信論》、譯虛空藏經，鑒義潤文，內典群書，莫不該貫。無非宴坐道場，沃天心以了義，照佛日於中禁。鬱為龍象，大拯斯人。將滅之夕，備申告誡。中夜累足，如期順化。其智惠歟？其解脫歟？

〔註241〕《唐兩京城坊考》卷三，西京、翊善坊有保壽寺。
〔註242〕疑誤。《唐兩京城坊考》卷五載東京南市有長壽寺，或即此寺。
〔註243〕尸羅，意為清涼，或云戒。毗尼為佛教律藏名。
〔註244〕五部當指《五部律》，付法藏第五祖優婆鞠多五弟子，生成律藏五部的派別，即曇無德部、薩婆多部、彌沙塞部、迦葉遺部、婆粗富羅部。四分即《四分律》，四律之一，即五部中曇無德部。
〔註245〕即優婆鞠多，為阿育五師，付法藏第五祖。

法子苾芻，服綾成列，仰護念慈哀之旨，拾蓮花多寶之義。厥後十五年而功用成……

（據《權載之文集》〔註246〕卷二十八《唐故寶應寺上座內道場臨壇大律師多寶塔銘》）

唐長安興唐寺辯空

法師諱辯空，姓任氏。弱而神清，幼而不群，年八歲，心已向佛，誠請既行，緣愛自去。遂授經於惠雲，卒學景鸞。耳所一聞，亦既懸解。目所一覽，又若夙習。跪陳精奧，師皆歎異，知□其法，非天縱之，孰能如斯？

法師常謂弟子曰：「我靜觀眾生，或瘖或聾，嗷嗷嗤嗤，溺於狂妄。若智者不能拔，仁者不之慈，雖獨揭屬於清源，則大聖之教又將安施？」於是張善惡報應，驅僻邪於中正，導真如之理，解拘縛之勞，登高抗音，化所不化。侍代宗則聲仁王之文……故君聞而仁，臣聞而忠，推而廣之，風化斯變。詔法師與天竺三藏譯《六波羅蜜經》，功畢上獻，無子感歎，錫賚有加。雖異方之奉斯學者，知有所本矣。由是大教揚溢於海內，惠風漸漬於人心。朝廷垂衣，刑措於下，其或有助乎？

……以貞元十年正月十五日告行於興唐寺，報年六十一。弟子惠見等與俗侶白衣會葬服繐者千人。□以其年三月四日，弟子智誠等共起塔於畢原高崗……比丘智亮等建，從一、法源、超秀、惟昭、惟安、惟永、智謙、日榮、海印、惟曉、惟旭、自謙、善惠、少游。

（據《金石續編》卷十《唐故內供奉翻經義解講律論法師辯空和上塔銘》）

唐萬年法雲寺超寂

大師字超寂，俗姓韓，昌黎人也。歸依釋氏六十年矣。皇朝司封郎中文靜之曾孫，贈禮部待郎秘書琮之孫，揚州大都督府左司馬兼侍御史志清之長女。居然善人，八歲入道。授經乃師同院辯姓和尚，依正當寺淨覺和尚授戒，聽讀即安國寺大辯政律和尚也。從授大誠，至於登壇，不求而大德眾信，緣業乃遠近輸誠。五十年間，三千子弟。至於鑄畫佛像，裝寫藏經，廣設文齋，舍人常住。大師每歲有之，不可具紀。以貞元十四年遘疾，終於當寺院，時年

〔註246〕【唐】權德輿：《權載之文集》，《四庫叢刊》本。

六十九。真像歸寂之時，色身安厝之日，緇流哀痛，衢路傷嗟。以其年三月廿二日歸葬於萬年縣長樂鄉城東原，禮也。故當寺大德照空，雖同學事師，如異姓骨肉。無何，早歲奄化，每言，泣涕漣洏，常願同塋，先卜吉地。俯瞰靈塔，以慰平生；更對貞松，爰申久契……姪前行同州韓城縣尉晤銜哀敘述。

（據西安碑林藏石《唐故法雲寺內外臨壇律大德超寂墓誌》）

唐萬年法雲寺證真

斗城東南二里曰長樂鄉。郡上都法雲寺故大德證真禪師躬所表靈域在焉。貞元十六年八月二十四月，京邑緇素銜涕會於其地。蓋虔奉全身，永閟幽壤，從像教也。禪師本係吳興□氏，自漢述善侯，宋司空公，以迄於皇考酈縣令昂，母兄河陽行軍司馬、御史中丞瑜。淳耀耿光，輝炳邦族。禪師絕棄代網，冥融道心，始受律於當寺褚大師，晚通禪於寶應順和尚。示有悟人，護窮細微，六度諸門，無不該備。是以京室貴族，雖纓弁俊儒，輻斬女工，苟有來學，未嘗無誨焉。德居人宗故也。其年夏五月，始現寢疾，暨十七日，命中外皆掃，端念就滅。將化極有歸歟？報年六十六，僧臘四十七，門弟子智性、慧詮、法性等祗如訓旨，遺像是依。以遽屬忝諸孫，俾泣志於幽石。

（據《隋唐五代墓誌彙編・陝西卷》第四冊《唐故法雲寺大德真禪師墓誌銘》）

唐長安靜樂寺 〔註247〕 惠因

父開府儀同三司、檢校左散騎常侍、兼御史大夫、太僕卿、上柱國蔡國公周皓撰。

本姬氏，因朝得姓。秦時封十九代祖邑為汝墳侯，因為汝南也人。曾祖皇開府、儀同三司、右屯衛將軍、持節涼州已西都統諱悌。祖皇開府、儀同三司、河西節度採訪等使、兼御史大夫、贈太子太傅、穎國公佖。父官名具前列。

汝承祖宗大慶，盛族子孫，性自善因，童稚慕道，特奉詔度，十一出家，具大小戒一十七夏，法華八軸，晝夜誦持，為法忘軀，因茲成疾。以貞元十八年歲次壬午四月一日丁亥歸依十方諸佛，枕臂疊足，奄然而終。寂滅之道，修難得之。專意正念，證涅槃路。嗚呼！父子親眷，痛切肝心。以其月廿九日

〔註247〕《唐兩京城坊考》卷四載，崇化坊「西南隅，靜樂尼寺」。其地屬長安縣。

乙卯葬於萬年縣鳳棲原……

兄通直郎、前行河中府參軍、汝南縣開國男珦書。

（據《隋唐五代墓誌彙編・陝西卷》第四冊《唐故靜樂寺尼惠因墓誌銘》）

唐萬年光宅寺道廣

我師太原一族之苗，名流王氏之子。分眾流之一注，獲千燈之一光。天寶九載應命代玄宗之朝，悟體知空，授秘契於己未之歲。加乃乘間氣而挺生，應休明於像季。年當向立，厭囂滓於建中之初。投簪毫門，紹傳燈於像代。戒月皎晶，頻獲聖威。惠初光芒，隨機剖尺。投敬大聖，款願從心；杖策化緣，利生關表。簪紱挹之而遷善，緇素伏美而欽風。去元和戊子之歲，春秋五十九焉。示疾同凡，注想安養，順心正念，聖瑞迎神，趺座儼然，以飯寂滅。雖惠命職於殊邑，全身再歸於舊居。四眾攀號，門人茹毒。欲使綿綿靈相，高標萬古之儀。雕石勒銘，記千載而不朽者也。時元和五年歲在庚寅，律居太簇，日屆壬寅，記不朽耳。

京兆府雲陽縣金龜鄉石洪裏集陽村神造堆蘭若。

（據《隋唐五代墓誌彙編・陝西卷》第四冊《大唐光宅寺歿故口口和尚道廣茶毗遺記》）

唐太白山觀宗

禪師法號觀宗，得姓留氏，東陽人也。世積貞隱，元泯不耀。初尊夫人夢吉祥天女〔註248〕引行摩利〔註249〕上宮而娠太白焉……至寶處而殊倫，至人出而體別。異香襲乎襁褓，童顏清於冰雪。文字進誘，偏聰佛經，滋味筵之。但甘鹽素。年至十二，懇求出家。如哀者欲淚，不可遏也。昔太子逾邁，寧辭父王。香象頓勝，擺落羈絏。乃登秦望山，禮善惠禪師，求無上法。一見奇秀，如會宿心。舊徒門階，新我堂室。服勤左右。道務精微，初受《楞伽思益尊經》，便入禪宗性海，然後波瀾……便往南嶽，禮制空禪師。稽首論心，演通秘奧。菩提樹上，汝得新枝。師子座前，詎量高下。祖師傳教南北一十二人。今牛頭山中禪師是最後者。禪師貌出常倫，挺秀八尺。時牛頭法眾欲近萬人。無礙辨才。（闕）瞻仰彼土。緣盡思歸，太白上方，務安靜也。不遊京

〔註248〕稱功德天，毗沙門天之妹。見《最勝王經》卷八。
〔註249〕利支，天名。見《摩利支提婆華鬘經》。

國，遠名利也。扃不關楗，示無畏也。常有兩虎依臥庵前，低目輕步，馴於家畜。四境之內不聞暴聲。我蘊大慈，力感群物，諸毒皆善，豈唯獸焉。山雖高深。不能隱其大德，遠近禮謁，如川之流。故明州刺史王公衍、故明州刺史李公岑、故劍南東川節度行軍司馬檢校戶部郎中任公侗、故明州刺史盧公雲，前後皆駐騎雲根，稽求上法，饑渴無量，虛往實歸。每有異香，聞者非一。嗚呼！孰謂法梁將壞，般若舟沉。元和四年八月十五夜，跏趺化滅。享齡七十九，僧臘廿九。以其年十月一日權閟於太白峰南。先意也。州尊邑尹，祭奠交衢。緇素齊道，幢幡翳野……元和乙未歲建層龕，邇於多寶佛塔。依法像也。門人（闕）口海、法常、道真、明徹、惠見、光獻、元徽、清瑗、元悟等。皆承師教戒。

（據《全唐文》〔註250〕卷七二一《大唐故太白禪師塔銘》）

唐萬年法雲寺曇簡

大師俗姓韓氏，其先昌黎人也。徙家周秦，備載史牒。大王父諱琮，處州松陽縣令，生禮部尚書、太子少保諱擇木，生秘書省著作郎諱秀榮。大德即著作長女。岐嶷之年，依釋氏教。八歲落髮，蒙詔度僧，習大乘典，精百法論。參安國寺伯岩和尚。奉律教，得寂滅樂；講四分，得清淨門。常謂生能幻。身想家世。方振耀朝序，服冕乘軒之辰，不著因緣，志存梵行。君子以為究先為證性，知妄想根源。當寺綱維徒眾，皆衣冠盛族，朝要名流，非戒律精持、門地茂厚者，無以司於綱統矣。師也以先大師歷居綱維，臨壇內外。堂姊法諱惠詮，繼嗣寺統。於是就群領之命，充當寺寺主。為立準繩，以正綱紀，作標格以振緇徒。係一歲而僧門再振。方期釋崇善教，景福永資，豈意歸寂滅想，付正真源。以元和十一年七月四日示化於當寺舊院，時年四十有七，夏臘二十七有茲也……門人弟子貞信等，護柩於先和尚雁塔之南五步。

（據《隋唐五代墓誌彙編‧陝西卷》第四冊《唐故法雲寺寺主尼大德曇簡墓誌銘》）

唐崇福寺靈晏

右街故賜紫僧錄諱靈晏，生聖明之代，紹釋氏之教，姓氏南陽也。祖曜、

〔註250〕【清】董誥編：《全唐文》，北京：中華書局，1983年影印本。

父鈇，並樂道雲林，高尚其志，吟詠風月，事罔能拘。和尚童年入道，固願莫違，天然發心，永求剃落。遂為舊崇福寺翻經五部持念翰林待詔檢校鴻臚少卿賜紫廣濟和尚弟子。哲而能睿，一聞澈悟。年十三，講《最勝王經》及《涅槃經》。師習者雲聚，達解者河沙，才聆法音，終坐如渴。

貞元十四年，圓大戒品於崇聖寺靈壇矣。首自憲宗，達於大和，獻壽累朝，每悅天恩。其年法門寺佛中指節骨出見，輔翼迎送，人望所推。開成五祀，護軍中尉擢才奏聞錄右街僧務兼紀綱寺宇。奈而不豢。洎乎大教暫微，堅志無替，再啟玄理，又錄緇徒，重賜紫衣，兩任其首。

於戲。月制之歲，羸疾彌加。乃命門人義秀等，令諷諸真言，一夕繼響，從暮至曉，聽而生歎。一性雖云常住，四大倏然有歸。以大中十年歲次丙子庚子之月廿九日寅時自累雙足，奄然而逝。即以明年春二月廿二日庚寅遷葬於京兆府長安縣龍首鄉祁村之原，從眾生願也……

入內弟子：令楚，賜紫，身故；元著、義秀、從建、元迴、文藉、洪辨、文會、懷宇、惠直、元智、惠貞、少琼。已下三學弟子：智玄、常清、敬舒、懷章、懷慶、少諲等；公素，在俗弟子等：張少存、張宗直、張少貞、尼弟子契因等。

（據《隋唐五代墓誌彙編・陝西卷》第四冊《大唐崇福寺故僧錄靈晏墓誌》）

唐長安唐安寺廣惠

窮象譯之微言，罄龍宮之奧典，即我唐安大德其人也。大德諱廣惠，俗姓韋氏……於是分瓶灌頂〔註251〕，染法壞衣。奉干越〔註252〕之真諦，識楞伽之要義。賓波羅窟〔註253〕，深入禪菁；阿耨達池，恒藏戒水。旁灑甘露，俯導蒙塵。運智慧之妙，其動也雲舒曾漢；了般若之性，其息也月鑒澄泉。帝口緇徒，皆以宗師敬受初法。我皇十年，以名臘隆抗，充外臨壇大德。僧彌高而身彌遜，聲愈廣而志愈沖。負笈執經，扣鶴林者請益如市；無明有漏，傳心印者脫其網……以大中十三年夏五月廿六日寂然入滅，報齡五十七，僧臘卅

〔註251〕古天竺國王即位時以四海之水澆灌頭頂，表示祝福。佛教密宗仿傚此法。僧人嗣阿闍梨（高僧教授）位時，設壇而行灌頂儀式。
〔註252〕疑為乾陀越省稱，乾陀越即犍陀羅，西域國名，曾為佛教聖地。
〔註253〕當作賓缽羅窟，《付法藏傳》：「迦葉辭如來，往耆闍崛山賓缽羅窟。」

八。弟子性通等……以其年六月十八日幢蓋香花，遷座於韋曲之右……

（據《唐代墓誌彙編》《唐故上都唐安寺外臨壇律大德比丘尼廣惠塔銘》）

唐扶風法門寺惠恭

口口惠恭口德之碑〔註254〕

……禪師俗姓韋氏，本魯國鄒人……年甫十四，依慈門寺道場審禪師……上根下根，洞悟其旨；真學妄學，究竟其門……年廿三，居此寺……遂別安禪院，清淨住持。夙夜翹誠，供養靈塔。貞觀之末，沐浴舍利·便燒二指，發菩提心……始於檀為，大千之化主。顯慶首年，施絹三千匹，修營塔廟……與勝光寺惠乘口口同德比義，贈禪師行塘布巾，表為善友……

永昌元年歲次己丑口月庚戌朔卅日己卯法門寺僧惠恭樹

郭口口一心供養

（據韓金科、王均顯：《新發現唐法門寺住持〈惠恭禪師大德之碑〉》，
《文博》1991 年第 4 期）

唐（地名、寺名不詳）覺

蘭氏，河南人也。高祖蕃，周驃騎大將（中闕）隋禮部尚書。曾祖仁，唐朝戶部尚書（中闕）。祖石，岐陽縣令。父溫，絳州曲沃（中闕）……特秉善根，向菩提而結（中闕）出禪之心，辭捨俗流，無染人緣之事。遂（中闕）垂。攀八普之真輪，遊四依之正轍。弱冠（中闕）。

（據《關中石刻文字新編》卷二《覺禪師塔銘》）

五代洪州雲蓋山龍壽院懷溢

大師俗姓劉氏，法諱懷溢，本無諸倚郭閩縣人也，即巨唐相國彭城劉公瞻之次子也……

大師然以玄天月白，覺海波清，真燈未燭於祖堂，雷振停開於蟄戶，維廣明初之上都，值黃戎犯闕，僖宗皇帝駕幸三峰，暫避狂徒，敕選十員禪律經論詩賦文章大德駕前供奉，和尚禪宗一位也，敕賜福田禪師，止三峰；再賜大自在禪師。而後狼煙息燕，草孽停爭。時屬太平，寰宇寧靜，光宅四海，

〔註254〕1987 年於扶風法門寺塔基地宮出土。

慶洽萬邦。特稱睿毫，更於歲號，為光化元年……

和尚特光化大師，仍頒命服，禪袍改為椹色……

上遂改光化為天復元年，當年秋上表，乞養疾以歸。南別天顏而出北，既遙鳳闕，堅駐龍沙山二年。時有唐鎮南軍節度使中書令南平王鍾公坐鎮……

（據《金石萃編》卷一二二《龍壽院光化大師碑銘》）

後唐洛京長壽寺可止

釋可止，姓馬氏，范陽大房山高丘人也。年甫十二，迥有出俗之心，依憫忠寺法貞律師。年十五為息慈，辭師往真定習《學經論》……

後於長安大莊嚴寺化徒數載，乾寧三年，進詩，昭宗賜紫袈裟，應制內殿。

本道劉仁恭者，據有北門，控扼蕃漢，聞止之名，移書召歸故鄉。其父與師相次物故，母猶在堂，止持盂乞食，以供甘旨。行誦《青龍疏》三載，文徹忽有巨蟒見於房，矯首顧視，似有所告。時同院僧居曉博物釋子也，且曰：「蛇則目睛不瞬，今其動乎，得非龍也。」止焚香祝之曰：「貧道念《青龍疏》，營齋養母，苟實龍神軫，念希值一檀越。」居數日，燕師家子曰：「制勝司徒召申供養。」時莊宗遣兵出飛狐以圍之，歷乎年載，百穀勇貴，止頓釋憂懼。未幾燕陷，劉氏父子俘歸晉陽。止避亂中山，節度使王處直素欽名譽，請於開元寺安置，逐月供俸……

（據《宋高僧傳》卷七《義解》）

梁京兆西明寺慧則

釋慧則，姓麋氏，吳郡崑山人也。九歲，博遊才義，總玩儒經。善種發萌，條然厭俗，以大中七年就京西明寺出家。勤知諷誦，皆如曾習。九年，於本寺承恩得度。十四年，棲法寶大師法席覆講，當年敕補備員大德。咸通三年，就崇聖寺講《俱舍論》並《喪服儀》、《出三界圖》一卷。七年，於祖院代暢師講。十五年，敕署臨壇正員。廣明元年，巢寇犯闕，關中俶擾，出華州下邽避亂。中和二年，至淮南，高公駢召於法雲寺。講罷還吳，刺史楊公苦留，卻遊天台山國清寺掛錫。乾寧元年至明州育王寺，撰《塔記》一卷，《出集要記》十二卷。武肅王錢氏命於越州臨壇。以開平二年八月八日示疾坐亡，受生七十四，法臘五十四。窆於鄮山之岡。八戒弟子刺史黃晟營塔。則生常不好許直，以撝謙推人為上。除講貫外，輪誦經咒，自《法華》已降可三四十

本，以資口業。覽大藏教兩遍，講鈔七十遍，《俱舍》、《喪儀》、《論語》各數遍。清苦執持，近苦罕有。入室弟子希覺最露鋒穎焉。

（據《宋高僧傳》卷十六《明律》）

元表

又元表者，貞諒之士也，言多峭直，好品藻人事，而高義解，從習毗尼，兼勤外學，書史方術，無不該覽。早預京師西明寺法寶大師講肆，洎廣明中，神都版蕩，遂出江表，居越州大善寺，講《南山律鈔》。諸郡學人，無不趨集，表義理縱橫，善其談說，每揮塵柄，聽者忘疲，號鑒水闍黎。著《義記》五卷，亦號《鑒水》。出門人清福，冠其首焉。

（據《宋高僧傳》卷十六《明律》之《釋慧則傳》）

後唐鳳翔府道賢

釋道賢，不知何許人也。持諷《孔雀王經》以為日計，末則受《瑜伽灌頂法》，持明之功，愈多徵應。嘗夜夢佛攜賢行，步步蹈履濃雲，若乘剛焉。每行不知幾百里，而指之曰：「此摩竭陀國，此占波國、南印度、西印度、迦濕彌羅等國。」且行且記，喜躍不勝。及寤覺，冥解五天梵音，悉曇語言。時西域僧到岐下，蔥嶺北諸胡僧往往偽稱五印人，賢以一接語言，先斥之曰：「汝是某國人？」北戎南梵，無敢紿之。隴坻道俗，皆稟承密藏，號阿闍黎也。

洎長興末，明宗晏駕，立從厚為帝。鳳翔清泰不恭其命，遣王思同帥師伐之，清泰乃嬰城自守。清泰問賢曰：「危甚矣！如何？」對曰：「召寶八郎，可逆知勝負也。」清泰出乘城撫眾，其寶八介甲持戈來馬前，作迎鬥之狀。跳躍已，解甲投戈而走。賢曰：「此外敵必降之象也。」果如斯說。清泰乃擁兵而東，召賢俱行，入洛即帝位歟。改元曰清泰。賢奏曰：「年號不佳，何邪？水清石見。」至二年敕移并州晉高祖為天平軍，乃阻兵自固，潛連契丹，長驅入洛，清泰自焚，果「石見」之應矣。晉兵未至，賢先終於洛，今兩京傳大教者，皆法孫之曾玄矣。

寶八郎者，岐人也，家且富焉。自荷器鬻水，言語不常，唯散髮披衣狂走，與李順興相類。或遇牛驢車，必撫掌而笑。洎死，焚之，火聚中盡化金色胡蝶而飛去。或手掬衣扇行之，歸家供養焉。

（據《宋高僧傳》卷二十五《讀誦》）

後唐靈州廣福寺無跡

釋無跡，姓史氏，朔方人也。當宣宗御宇，佛法中興。大中九年，年正十三，決志捨家，投白草院法空大師為弟子，操執密縝，拂攘囂塵。咸通三年，用賓於京室，得戒度於西明寺矣。凡於百藝，悉願遊焉。慕定林威能畫，戴安道能琴，我則講貫之餘，兼而綜習。先是唐恒夫嘗作鎮朔方，後於輦下相遇，以家僧之禮待焉。蓋知言行相高，復能唱導。聞恒夫白兩街功德使，請隸西明寺。旋屬懿宗皇帝於鳳翔法門寺迎真身，右宣副使張思廣，奏跡充乎贊導，悅懌上心，宣賚稠厚。光啟中，傳授《佛頂熾盛光降諸星宿吉祥道場法》，歸本府。府帥韓公聞其堪消分野之災，乃於鞠場結壇修飾，而多感應。景福中，太尉韓公創修廣福寺，奏跡住持。皆以律範繩之，塞垣閒求戒者必請為力生焉。梁幹化丙子歲，中書令韓公洙奏署師號曰鴻遠歟。後唐同光三年乙酉歲四月一日，坐終於丈室。筋骨如生，風神若在。蕃漢之人觀禮稱歎曰：「昔至德中當府龍興寺有高士辯才坐亡，遂漆布之。乾寧元年府帥舉奏，敕諡曰能覺。今跡師可不異時而同事哉。」中書令韓公命工布漆焉。莊宗朝軍府從事薛昭紀為碑頌德云。

（據《宋高僧傳》卷三十《雜科聲德》）

參考文獻

1. （東晉）法顯撰、章巽校注：《法顯傳校注》，北京：中華書局，2008 年。

2. （梁）慧皎、（唐）道宣、（宋）贊寧、（明）如惺：《四朝高僧傳》，北京：中國書店出版社，2018 年。

3. （梁）釋寶唱撰、王孺童校注：《比丘尼傳校注》，北京：中華書局，2006 年。

4. （梁）釋慧皎：《高僧傳》，湯用彤校注，湯一玄整理，北京：中華書局，1992 年。

5. （梁）釋僧祐撰、蘇晉仁、蕭鍊子點校：《出三藏記集》，北京：中華書局，1995 年。

6. （唐）慧立、彥悰：《大慈恩寺三藏法師傳》，孫毓堂、謝方點校，北京：中華書局，1983 年。

7. （唐）李吉甫撰、賀次君點校：《元和郡縣志》，北京：中華書局，1983 年。

8. （唐）權德輿：《權載之文集》，《四庫叢刊》本。

9. （唐）釋道宣撰、郭紹林點校：《續高僧傳》，北京：中華書局，2014 年。

10. （唐）義淨著、王邦維校注：《大唐西域求法高僧傳校注》，北京：中華書局，2020 年。

11. （宋）范大成撰、顏曉軍點校：《吳船錄》，杭州：浙江人民美術出版社，2016 年。

12. （宋）李昉：《太平廣記》，北京：中華書局，2008 年。

13. （宋）李昉等編：《文苑英華》，北京：中華書局，1966 年。

14. （宋）李昭玘：《樂靜集》，文淵閣《四庫全書》本。

15. （宋）普濟著、蘇淵雷點校：《五燈會元》，北京：中華書局，1984 年。

16. （宋）贊寧：《宋高僧傳》，范祥雍點校，北京：中華書局，1987 年。

17. （明）釋明河：《補續高僧傳》，《卍新纂續藏經》本。

18. （清）董誥編：《全唐文》，北京：中華書局，1983 年影印本。

19. （清）端方：《陶齋藏石記》，臺灣：臺聯國風出版社，1980 年。

20. （清）貴泰等修：《安陽縣志》，清嘉慶 24 年刻本。

21. （清）黃本驥：《隋唐石刻拾遺》，《石刻史料新編‧第二輯》第 14 冊，臺灣：新文豐出版公司，1977 年。

22. （清）陸心源：《唐文拾遺》，北京：中華書局，1983 年影印本。

23. （清）陸耀遹：《金石續編》，《石刻史料新編‧第一輯》第 4 冊，臺灣：新文豐出版公司，1977 年。

24. （清）陸增祥：《八瓊室金石補正》，《石刻史料新編‧第一輯》第 7 冊，臺灣：新文豐出版公司，1977 年。

25. （清）毛鳳枝：《關中石刻文字新編》，《石刻史料新編‧第一輯》第 22 冊，臺灣：新文豐出版公司，1977 年。

26. （清）汪鋆：《十二硯齋金石過眼錄》，《石刻史料新編‧第一輯》第 10 冊，臺灣：新文豐出版公司，1977 年。

27. （清）王昶：《金石萃編》，《石刻史料新編‧第一輯》第 2 冊，臺灣：新文豐出版公司，1977 年。

28. （清）徐松撰、張穆校注：《唐兩京城坊考》，北京：中華書局，1985 年。

29. （民國）武樹善：《陝西金石錄》，《石刻史料新編‧第一輯》第 22 冊，臺灣：新文豐出版公司，1977 年。

30. （民國）羅振玉編：《中州冢墓遺文補》，《石刻史料新編‧第一輯》第 13 冊，臺灣：新文豐出版公司，1977 年。

31. 杜斗城：《隴右高僧錄》，蘭州：蘭州大學出版社，1993 年。

32. 杜斗城：《正史佛教資料類編》，蘭州：甘肅文化出版社，2006 年。

33. 杜斗城：《河西佛教史》，北京：中國社會科學出版社，2010 年。

34. 杜斗城：《杜撰集》，蘭州：蘭州大學出版社，2013 年。

35. 陳長安主編：《隋唐五代墓誌彙編》，天津：天津古籍出版社，2009 年。

36. 方立天：《中國佛教與傳統文化》，北京：中國人民大學出版社，2012 年。

37. 胡戟、榮新江：《大唐西市博物館藏墓誌》，北京：北京大學出版社，2019 年。

38. 李愛民：《隋唐長安佛教社會史》，北京：中華書局，2016 年。

39. 李利安、李心苑：《終南法脈》，西安：陝西人民出版社，2000 年。

40. 李利安：《中國高僧正傳》，西安：三秦出版社，2012 年。

41. 洛陽市文物工作隊編：《洛陽出土歷代墓誌輯繩》，北京：中國社會科學出版社，1991 年。

42. 毛陽光、余扶危主編：《洛陽流散唐代墓誌彙編》，北京：國家圖書館出版社，2013 年。

43. 毛陽光主編：《洛陽流散唐代墓誌彙編續集》，北京：國家圖書館出版社，2018 年。

44. 任繼愈主編：《中國佛教史》，北京：中國社會科學出版社，1985 年。

45. 釋震華：《續比丘尼傳》，《高僧傳合集》，上海：上海古籍出版社，2011。

46. 湯用彤：《漢魏兩晉南北朝佛教史》，北京：北京大學出版社，1997 年。

47. 湯用彤：《隋唐佛教史稿·緒言》，北京：北京大學出版社，2010 年。

48. 湯一介、趙建永編：《湯用彤學記》，北京：生活·讀書·新知三聯書店，2000 年。

49. 王亞榮：《長安佛教史論》，北京：宗教文化出版社，2000 年。

50. 魏道儒、李利安主編：《世界佛教通史》，北京：中國社會科學出版社，2015 年。

51. 許理和：《佛教征服中國：佛教在中國中古早期的傳播與適應》，南京：江蘇人民出版社出版時間，2019 年。

52. 趙超：《新編續補歷代高僧傳》，北京：社會科學文獻出版社，2011 年。

53. 鄭炳林、鄭怡楠輯釋：《敦煌碑銘贊輯釋（增訂本）》，上海：上海古籍出版社，2019 年。

54. 周紹良主編：《唐代墓誌彙編》，上海：上海古籍出版社，1992 年。

55. 周紹良、趙超主編：《唐代墓誌彙編續集》，上海：古籍出版社出版時間，2007 年。